慢慢变富的88个习惯

刘乾雍　编

北方妇女儿童出版社

·长春·

图书在版编目（CIP）数据

慢慢变富的88个习惯 / 刘乾雍编. -- 长春 : 北方妇女儿童出版社, 2025. 5. -- ISBN 978-7-5585-9381-9

Ⅰ. F830.59-49

中国国家版本馆CIP数据核字第2025ML4639号

慢慢变富的88个习惯

MANMAN BIAN FU DE 88 GE XIGUAN

出 版 人　师晓晖
责任编辑　于　晶
装帧设计　天下书装
开　　本　720mm × 1000mm　1/16
印　　张　10
字　　数　160千字
版　　次　2025年5月第1版
印　　次　2025年5月第1次印刷
印　　刷　三河市南阳印刷有限公司
出　　版　北方妇女儿童出版社
发　　行　北方妇女儿童出版社
地　　址　长春市福祉大路5788号
电　　话　总编办：0431-81629600

定　　价　49.80元

前言

财富不仅是物质生活的保障，更是实现梦想、追求自由的有力支撑。然而对于大多数人来说，财富自由仿佛一座遥不可及的山峰，只能远远仰望。你是否常常会陷入这样的困惑：明明努力工作，为什么收入总是赶不上支出？看着别人的财富不断增长，自己却始终在原地踏步。其实财富并非是少数人的特权，每个人都有实现财富增长的潜力，关键在于掌握正确的方法和习惯。

本书正是这样一本为你指引财富之路的实用指南。它没有高深莫测的金融理论，也不宣扬“一夜暴富”的神话，而是从我们日常生活的点滴入手，用通俗易懂的语言和切实可行的方法，告诉你如何通过培养一系列良好的习惯，逐步实现财富的积累和增长。

本书将带你从财富基石的搭建开始，教会你掌控每一分钱。记账、存款、理性消费……这些看似平凡的日常行为，却是构建财富大厦的坚实基础。只有清晰地了解自己的收支状况，合理规划每一笔开支，才能让财富稳步积累。

我们会进入理性消费的领域。在这个消费主义盛行的时代，学会避免隐形浪费至关重要。掌握购物的技巧，懂得区分必要与想要，运用租赁和平替的智慧，让你在满足生活需求的同时，最大限度地节省开支，让每一分钱都花得物有所值。

多元收入拓展将为你打开财富增长的新通道。除了本职工作，你还可以通过职场进阶、开展副业、经营人脉等方式创造更多的收入来源。每一个途径都蕴含着无限的可能，只要你勇于尝试，善于挖掘，就能发现新的财富增长点。

低风险投资指南将带你揭开投资的神秘面纱。即使你只有 100 元，也能开启复利人生。通过合理的资产配置，掌握风险把控的技巧，避开投资雷区，让你的财富在稳健中实现增值。

富人思维的养成是财富增长的核心驱动力。学习充电、利用时间碎片、提升抗风险能力……这些思维习惯将改变你的认知和行为模式，让你以全新的视角看待财富，为财富增长提供源源不断的动力。

关注健康、债务清零、财富传承……这些方面的共同作用将确保你的财富能够持续稳定地增长，为你和家人的未来提供坚实的保障。

财富的积累不是短暂的冲刺，而是一场漫长的马拉松。只要你愿意付出时间和努力，将书中的 88 个习惯融入日常生活中，并坚持不懈地践行，就一定能够在慢慢变富的道路上稳步前行。现在就让我们一起翻开本书，开启财富之旅吧！

目录

第一章　搭建财富基石——掌控每一分钱

第二章　聪明消费秘籍——挥别隐形浪费

第三章　多元收入拓展——开启财富增长新通道

第四章　低风险投资指南——100 元开启复利人生

第五章　富人思维养成——塑造财富底层逻辑

第六章　财富持续增长——打造财富永动机

第一章
搭建财富基石——掌控每一分钱

财富的积累始于对金钱的掌控。你是否常常困惑于钱都花到哪里了？是否每个月工资一到账，很快就所剩无几？本章将为你揭开搭建财富基石的秘密。记账这个看似简单的动作能让你清晰地了解每一笔消费的去向，破解消费糊涂账。20% 存款策略能帮助你在享受生活的同时，稳稳地为未来储蓄。你将学会区分必要与想要，对消费进行“断舍离”，逃离电子支付的陷阱，为意外开支做好准备，并将目标可视化。这些习惯虽小，但如同基石，能为你的财富大厦奠定坚实的基础。

破解消费糊涂账：5分钟记账筑牢防线

引言：你的钱都去哪儿了？

深夜11点，李婷关掉手机屏幕，躺在床上叹了口气。这个月的工资刚发一周，她的账户余额却只剩下一半。她努力回想：新买的连衣裙、同事聚餐、直播间抢购的护肤品……每一笔支出似乎都情有可原，但钱就像指缝中的水，悄无声息地就流走了。

这是大多数普通人的日常缩影。我们并非挥霍无度，却总是在“钱不够用”的焦虑中循环。问题的核心往往不是赚得太少，而是对金钱的流向一无

所知。

记账正是打破这一困局的第一步，你需要付出的仅仅是每天睡前的5分钟。

思考

为什么记账能改变人生？

1. 行为经济学视角：破除“心理账户”陷阱

诺贝尔奖得主理查德·塞勒提出“心理账户”理论：人们会毫无意识地将钱分门别类（如生活费、娱乐费），并允许自己在某类消费中超额支出。通过白纸黑字的记录，模糊的心理账户将变为具象的数字，迫使你直面“所有钱都来自同一个口袋”的真相。

2. 数据的力量：从混沌到掌控

美国国家财务教育基金会通过调查发现：持续记账3个月的人，他的储蓄率平均提升27%。这不是因为收入增加，而是通过数据发现“隐形漏洞”：比如每周喝3杯奶茶=1年多支出5000元，这足够支付一次出国旅行。

案例故事

全职妈妈的“家庭财务革命”

刘芳，一位曾经认为“记账是专业人士的专属领地”的全职妈妈，生活的平静被丈夫突如其来的失业风波打破，全家瞬间陷入前所未有的财务困境。面对挑战，她毅然决然地拿起笔，开始记录每一笔家庭开支，从微不足道的菜钱到日常水电费用，无一遗漏。在这一过程中，她惊奇地发现，竟有高达30%的家庭支出被浪费在了那些看似划算实则无用的临期超市折扣品上——买得多、用得少，最终只能任由它们在角落里默默过期。

痛定思痛，刘芳迅速调整了家庭消费策略，摒弃了盲目囤货的习惯。几个月后，奇迹出现了：家庭的每月支出竟奇迹般地降低了20%，这不仅缓解了经济压力，还意外地为孩子争取到了参加兴趣班的机会，为家庭增添了更多的欢声笑语。刘芳感慨万千地说："记账并非吝啬之举，而是让每一分钱都能发声，说出心中的'我愿意'。"

"周预算计划"助力职场新人稳健前行

陈晨，一个初入职场的青涩女孩儿，面对有限的收入和繁杂的生活开销，她深知每个月的工资都需要精打细算。她首先对自己的财务状况进行了全面梳理，精确计算出每个月的收入与固定支出，随后根据个人生活需求与消费习惯，巧妙地将剩余收入均匀分配到每周，制订了详尽的"周预算计划"。

每周一，陈晨都会雷打不动地将本周预算金额转入一个专门设立的账户，用以覆盖本周的所有开销。这一看似简单的举动如同一把精准的财务标尺，不仅帮助她有效地控制了冲动消费，更在不经意间为她积累了一笔可观的储蓄。

行动指南

习惯1：每天睡前记账5分钟

步骤1：选择合适的工具，如笔记本、记账App。

步骤2：合理分类，清晰记录每一笔支出，包括时间、分类和金额。

步骤3：每周复盘，月度总结。

习惯 2：设定每周消费预算

步骤 1：计算每个月除去固定支出的剩余可支配收入。

步骤 2：设立一个专门的账户，将剩余可支配收入平均分配到每周，制订自己的周预算计划。

步骤 3：每周结束时，核查本周的消费情况。

变富小结

5 分钟，是你与财富自由的距离

记账不会让你立刻变富，但它会像航海者手中的罗盘，能确保你始终朝着正确的方向前进。每周设定消费预算可以让我们在消费前有一个明确的目标和限制，这样既有助于我们更加理性地看待每一次消费，避免冲动消费和过度消费，还可以逐步培养我们节约和储蓄的习惯。

避免工资“月光”：20%存款策略稳根基

引言：收入再多也怕乱花

每次工资到账，赵磊总会感到一阵短暂的喜悦，但随后便陷入迷茫。尽管收入不菲，但月底时他的账户余额所剩无几。他努力回想，发现自己的钱总是在不知不觉中被各种开销吞噬。房租、水电费、餐饮、娱乐……每一项开支看似不起眼，但加在一起却成了一笔不小的数目。赵磊意识到问题不在于收入多少，而在于自己没有合理规划，没有把赚到的钱合理分配。

这是许多职场人士的通病。我们总是忙于工作，却忽略了对收入进行合

理规划。结果即使收入再高，也难以积累财富，甚至在关键时刻捉襟见肘。该如何打破这一困局呢？

变富思考

三招终结“月光魔咒”

1. 强制储蓄：收入到账即锁死 20%，切断“月光”后路

“先存后花”的核心在于第一时间筑起财富堤坝。美国行为经济学家什洛莫·贝纳茨的研究表明：自动化储蓄能减少 97% 的储蓄失败率。工资到账瞬间锁定 20%，不仅能对抗冲动消费，还能利用“损失厌恶”心理——账户余额减少的痛感会抑制超额消费。如果能够长期坚持，这笔看似微薄的储蓄将在复利作用下，成为撬动财富自由的杠杆支点。

2. 分钱到岗：结构化切割收入，让每笔钱精准作战

将收入切割成生存、储蓄、投资、自由四份，本质是利用心理账户的“防火墙效应”。人对不同用途的钱有不同消费态度。通过物理隔离账户（如生存账户用借记卡、投资账户绑定证券 APP），可强制形成“专款专用”思维，避免“拆东墙补西墙”。当每笔钱都有明确的使命，无序消费将无处遁形。

3. 动态校准：每年升级储蓄战略，拒绝刻板计划

财富积累需与时俱进。若死守固定储蓄比例，可能错失投资风口或陷入财务僵局。例如，在收入增长 10%时提升储蓄比例至 25%，能加速资本积累；遭遇突发开支时，坚守 15% 底线，则能防止储蓄体系崩塌。这种弹性策略既能保持储蓄惯性，又能为人生重大转折（购房、育儿、创业）预留调整空间。

案例故事

普通白领的“存款奇迹”

赵敏是一名普通的公司职员，月薪并不丰厚。但她有一个坚定的信念：每个月工资到账后，先存下20%。起初这让她在朋友聚会、网购时显得有些“不合群”，但她从未动摇。几年后，当她拿出存款购买了自己心仪已久的小公寓时，周围的朋友才恍然大悟，原来她的“不合群”是为了更自由的未来。赵敏用实际行动证明，即使收入有限，只要坚持储蓄，也能逐步实现自己的财务自由梦。

职场精英的“财富切割术”

小王是一名普通白领，但他积累了一笔不小的资金。因为他将自己的收入分为四份：第一份用于日常生活开销，确保自己的基本生活需求得到满足；第二份用于储蓄，作为自己的紧急备用金；第三份用于投资股票、基金等金融产品，追求更高的收益；第四份则用于实现自己的梦想和目标，比如旅行、学习等。通过合理的分配方式，小王不仅确保了自己的财务健康，还实现了财富的稳步增长。

行动指南

习惯1：工资到账后，先存20%再消费

步骤1：绑定自动转账。通过银行设置“工资到账即转20%”功能，储

蓄账户选择无卡无网银的封闭账户。

步骤 2：隔离消费渠道。解除储蓄账户的移动支付绑定，仅保留生存账户用于日常消费。

步骤 3：强化心理暗示。将储蓄转账截图设为手机壁纸，每日提示“已存 ×× 元，离目标更近一步”。

习惯 2：把赚到的钱分成几份

步骤 1：评估自己的月收入水平，制订预算计划。

步骤 2：将收入按照预算计划分成几份，分别用于日常生活开销、储蓄、投资和其他，确保自己的开销不会超出收入范围。

步骤 3：弹性账户余额归零后，当月禁止挪用其他账户资金。

习惯 3：每年调整一次储蓄目标

步骤 1：分析自己的财务需求和目标是否发生了变化。

步骤 2：根据财务状况和生活阶段的分析结果，调整储蓄目标，确保储蓄目标既能符合现实需求，又能为未来规划提供足够的资金支持。

步骤 3：定期跟踪储蓄计划的执行情况，及时调整和优化。

变富小结

20% 存款 = 财富自由的第一块拼图

储蓄不是自我压抑，而是用短期克制换取长期选择权。当 20% 存款成为肌肉记忆，你会发现自己悄然拥有了对抗风险的底气、投资增值的本金，以及拒绝将就生活的资本。记住：今天锁住的每一分钱，都是在为明天的自由投票。

消费“断舍离”：必要与想要的抉择之道

引言：当你被消费裹挟了

林浩盯着月底的账单，房租、水电、外卖订单和同事聚餐的AA记录挤满了屏幕，明明每一笔钱都花得“合情合理”，钱却像沙子般从指缝溜走。这种情况并非个例——赵悦为缓解压力刷爆信用卡买下名牌包包，却只换来空虚；小李为维系“大方”人设，月收入全砸在奶茶和聚餐上。当消费被情绪、面子或模糊的“想要”裹挟时，财务失控便成为必然。

变富思考

三把利刃斩断消费迷雾

1. 设定比例：用数字锚定消费底线

将支出切割为“必要”与“想要”6:4 黄金比例，本质是建立消费的“红绿灯系统”。必要支出（房租、三餐、通勤）是生存刚需，占比 60% 确保基本盘稳定；想要支出（旅行、娱乐、新手机）是欲望释放，40% 的额度既满足人性需求，又防止过度放纵。有研究证明，当资金被明确划分用途时，消费者挪用资金的可能性显著降低。

2. 拒绝面子：撕掉虚荣标签，回归真实价值

面子消费的本质是用金钱购买虚假认同感。哈佛商学院的研究显示，75% 的职场社交支出（如请客、送礼）无法转化为实际人脉价值。真正的尊重源于专业能力与人格魅力，而并非一杯奶茶或一顿人均 500 元的日料。拒绝面子消费的关键在于建立“价值换算思维”——例如，请同事喝 30 杯奶茶的钱（约 1500 元）足够购买一门行业认证课程，很显然后者能带来长期职业溢价。

3. 驯服情绪：给冲动消费戴上“止咬器”

情绪性消费是大脑“劫持”钱包的经典陷阱。神经科学证实：压力会激活杏仁核，触发“购物 = 缓解痛苦”的错觉。破解方法是建立“48 小时冷静期规则”：将想买的商品放入购物车，若两天后仍觉得有必要再下单。数据显示，85% 的冲动消费欲望会在 48 小时内消退。

案例故事

职场新人的“6040 平衡术”

小雅是一名刚步入职场的年轻人，收入有限，但她总能保持生活的品质和乐趣。秘诀在于她懂得平衡“必要”与“想要”：她将自己收入的 60% 用于房租、食物和交通等基本生活开销，剩下的 40% 则分为两部分：20% 用于储蓄和投资，剩下的 20% 则用于旅行、购物和娱乐等提升生活品质的活动。通过这种平衡术，小雅不仅确保了自己的财务健康，还享受了丰富多彩的生活。

AA 制闺密的纯粹友谊

张悦和林莉是大学时期的闺密，虽然毕业后各奔东西，但她们始终保持着密切的联系。每当相聚时，她们从不为了面子而抢着买单，而是坚持 AA 制。无论是吃饭、看电影还是旅行，她们都会平分账单，从不因为消费问题而产生矛盾。张悦说：“我们觉得真正的友谊不应该建立在金钱之上。AA 制不仅公平合理，还能让我们更加专注于彼此的陪伴和交流。”林莉也补充道：“而且这样我们还可以把钱用在更有意义的地方，比如一起参加培训课程，提升自己的能力。”

行动指南

习惯 1：设定“必要支出”和“想要支出”的比例

步骤 1：列出月度支出：包含房租、餐饮、交通、娱乐等所有项目。

步骤 2：分类切割。

□ 必要支出（≤ 60%）：生存刚需（如房租、水电费）。

□ 想要支出（≤ 40%）：体验型消费（如旅行、电子产品）。

步骤 3：使用记账 App 实时跟踪比例，超支部分从下月额度扣除。

习惯 2：拒绝“面子消费”

步骤 1：消费前自问：“是为面子，还是真实需要？”

步骤 2：预设话术，比如：

□“今天我先记个账，下次轮到你请哟！”

□“最近在攒钱买房，咱们 AA 制更尽兴！”

步骤 3：把省下的钱投入技能课程或健康管理。

习惯 3：拒绝“情绪性消费”

步骤 1：列出导致情绪波动的场景（如加班、争吵）。

步骤 2：设置替代方案让自己冷静下来，如跑步 20 分钟释放内啡肽。

步骤 3：将商品加入购物车，两天后再决定是否购买。

变富小结

消费自由 = 清醒选择权

当你能用 60% 的支出稳住生活基本盘，用 40% 的额度滋养灵魂，用 AA 制守住财务底线，用冥想替代冲动购物时，消费便从一个“失控黑洞”变为一件“精妙工具”。记住：真正的财富自由始于每一笔消费背后的清醒抉择——不是压抑欲望，而是让每一分钱都精准服务于你的人生战略。

逃离电子支付的“温柔陷阱”

引言：数字时代的财富蒸发器

张悦盯着月末账单上的数百条支付记录——9.9 元的奶茶、29.9 元的付费表情包、199 元的会员自动续费……这些“无痛消费”在扫码的瞬间完成，却在月底汇聚成吞噬存款的“黑洞”。李华的经历更令人警醒：他用分期付款购入一部新款手机，12 期免息的“温柔陷阱”让他忽略了总额相当于 136 个小时的工作时长。当支付变成无须掏钱包的指尖游戏时，我们对金钱的感知力正被电子支付悄然瓦解。

思考

1. 现金触感：唤醒沉睡的金钱神经

电子支付通过消除物理货币的触觉反馈，使大脑默认“花钱≈数字变化”。哈佛神经学实验显示：用现金支付时，脑岛区（负责痛觉感知）的活跃度比扫码支付高 40%，这种“花钱痛感”能直接抑制冲动消费。每月取现 2000 元用于小额消费，其本质是重建金钱与生存本能的神经链接——当你看着钱包从鼓胀到干瘪，会本能地警惕“资源枯竭危机”。

2. 时间标尺：衡量消费的真实成本

将消费换算为“1 小时工资 = 生存时间”，是破解“廉价感幻觉”的终极武器。一杯 40 元的咖啡需工作 1.5 个小时换取，你会瞬间看清：这不是饮品，而是用 90 分钟生命换取的短暂愉悦。行为经济学家称此为“时间锚定效应”——当人类用生命时长量化消费时，会触发进化本能中的“能量守恒判断”，自动过滤低性价比的支出。

案例故事

大学生的“现金封印术”

李明是一名普通大学生，每月靠着手机里的 2000 元生活费度日。可不知怎么回事，还没到月底，他的钱就花得一干二净。到了月末，他不是吃泡面，就是向同学借钱应急。李明意识到不能再这样下去，于是开始尝试用现金支付，并且每天都认真记录现金支出。

这个方法效果显著，李明清楚地看到钱都花在了哪些地方，明白了自己在不必要的零食和娱乐上花了太多钱。慢慢地，他开始控制开支，养成了储蓄的习惯。几个月过去，每个月到月底时，李明都能惊喜地发现生活费有了结余。更重要的是，他在消费时变得更加理性，不再冲动消费。

把钱花在刀刃上

赵晴入职时间不长，她对自己的收入做了清晰的规划。她平日里省吃俭用，努力储蓄，只为应对生活中的突发状况，以及实现长远目标。有一次逛街时她一眼看中一款包包，那独特的设计瞬间抓住了她的心。可一看价格，着实让她吃了一惊。

赵晴静下心来仔细盘算，这款包包虽然好看，但并不是生活必需品，如果买下它，自己得连续工作近50小时。思考再三后，她最终决定放弃购买。这次经历让赵晴更加坚定了自己的消费观念，她认识到只有把钱花在刀刃上，选择真正有价值的消费，才能收获长久的幸福与满足。

行动指南

习惯1：用现金支付小额消费，减少电子支付的无感流失

步骤1：设定限额。每月/每天设定现金消费额度（建议不超过收入的20%）。

步骤2：记录消费。每次现金支付后立即记录金额和用途。

步骤3：定期复盘。每周分析现金支出，优化下个月的分配比例。

习惯2：学会用“1小时工资”衡量消费价值

步骤1：计算时薪。月收入 ÷ 每月工作小时数 = 1小时工资。

步骤2：价值比对。消费前换算商品价格相当于多少小时的工作时间。

步骤3：决策标准。若消费金额超出心理预期，则延迟或取消购买。

金钱是凝固的生命能量

电子支付让我们习惯了“花钱如呼吸”的麻木，而现金触感和时间标尺正是刺破这种麻木的双刃剑。当你能摸着钞票厚度规划日常，能用工作时间丈量消费价值时，每一笔支付都将成为清醒的生命投资决策。记住：真正的财富自由始于意识到“每一分钱都是你用心跳换来的时间晶体”。

为意外开支筑牢防线

引言：未雨绸缪的财务智慧

生活中的意外总是突如其来，无论是突发的医疗事件、紧急的家庭维修，还是突如其来的失业，都可能给我们的财务状况带来巨大冲击。赵磊是一名货车司机，每个月总是赚多少用多少，直到有一天，他的汽车发动机突然出现故障，维修账单上的五位数金额让他的手心沁出冷汗——这个月的收入已全部用于日常开销，甚至连停工期间的饭钱都成了问题。

这样的困境并非个例。许多人像赵磊一样，在意外来临时才发现自己的财务防线如此脆弱。真正的财务安全不在于赚多少，而在于为“意外事件”筑起三重防线——用缓冲金应对短期危机，用基础保险转移重大风险，用应急储备金守护长期安稳。

变富思考

1. 缓冲金：短期意外的“止血绷带”

缓冲金是应对突发小额开支（如维修、临时医疗）的第一道防线，目标金额建议为月支出的3~6倍。这笔钱需要绝对流动（如活期存款或货币基金），确保能像创可贴般快速止血。

2. 基础保险：转移风险的“防弹衣”

重疾险、医疗险、意外险构成的“铁三角”能将癌症、车祸等重大风险的财务冲击转移给保险公司。保费支出应控制在年收入的5%~8%，如同用5%的成本换取95%的财务安全。

3. 应急储备金：长期安稳的“救生舱”

覆盖失业、创业过渡期等中长期风险的储备金，需储备6~12个月的家庭刚性支出。这笔钱要分层存放：50%货币基金+30%国债+20%短期理财，兼顾流动性与保值需求。

案例故事

案例1　保险挽回的“家庭经济生命”

张先生是家里的顶梁柱，他的家庭经济状况虽不富裕但也平稳。然而他突然被诊断出心脏疾病，需要进行心脏搭桥手术及长期的康复治疗，这将产生高达数十万元的费用。幸运的是他此前购买了重疾险和医疗险。重疾险一次性赔付了一笔可观的保险金，解决了手术费用的燃眉之急；医疗险则在后续的治疗过程中，报销了大部分的医疗费用。这笔保险赔偿金不仅挽救了他的生命，也让整个家庭避免了因高额医疗费用而陷入经济崩溃的境地。

失业家庭的“储备金救赎”

李湘以为自己家庭收入稳定，一直没有建立家庭应急储备金的意识。结果她丈夫所在的公司因经营不善，导致丈夫不幸失业。失去收入来源后，家庭的房贷、孩子的学费一下子让他们陷入了困境，直到丈夫重新找到工作才缓过来。后来他们制订了详细的储蓄计划，每个月从家庭收入中拿出一部分资金存入专门的应急储备金账户，即使以后遇到一些小的突发情况，他们也能应对，家庭生活不再因资金问题而焦虑。

行动指南

习惯 1：为意外开支预留“缓冲金”

1. 设定一个合理的“缓冲金”目标金额。

2. 每个月固定存入一定金额，也可以根据收入情况灵活调整。

3. 培养节约意识，减少不必要的开支，将节省下来的资金用于增加“缓冲金”。

习惯 2：购买基础保险

1. 评估自身风险需求，确定保险类型（如重疾险、医疗险、意外险等）。

2. 比较不同保险公司的产品和服务，选择信誉良好、保障全面的保险产品。

3. 根据经济能力确定保险金额和保费，确保保险计划既符合需求又不会造成经济负担。

习惯 3：建立家庭应急储备金

1. 根据家庭的实际收支情况，每个月定存家庭应急储备金。

2. 家庭应急储备金需要具备高度的流动性和安全性，以便在紧急情况下能够迅速支取。

3. 在使用应急储备金后，尽快制订补充计划。

安全感是最昂贵的奢侈品

当缓冲金让你不再因 3000 元的修车费而失眠，当保险赔付金抵挡住 30 万元医疗费的暴击，当储备金托住失业半年的生活底线时，你会理解：财务防御体系的真正价值是让人生的风浪止于账户数字的波动，而非演变成颠覆生活的海啸。所有看似“用不上”的提前准备，都是在为未来的自己购买“从容权”。

目标可视化，行动有方向

引言：你的财富目标还在“躺平”吗？

每天早晨，晓晗都会对着墙壁上的愿景板，为自己加油打气。那上面贴满了她梦想中的生活场景：一所宽敞明亮的房子、一辆代步的小汽车、10 万元的存款……这些愿景有短期的，也有长期的，它们都成为晓晗前进的动力。

模糊的目标就像没有地图的航行，终会迷失方向。用愿景板明确终点，用里程碑标记进程，用成长日记复盘轨迹，财富积累才能从“空想”变为“精准行动”。

变富思考

1. 愿景板：把梦想“钉”在眼前

心理学中的“视网膜效应”证明：视觉化目标会激活大脑的潜意识，让人们更敏锐地捕捉机会。晓晗的愿景板通过图片刺激多巴胺分泌，将“买房”“存 10 万元”等抽象目标转化为可感知的画面，驱动她每天主动减少无效消费、寻找增收渠道。

2. 财富里程碑：用成就感喂养野心

每完成一个小目标，大脑会释放内啡肽，形成“努力—回报—再努力”的正循环。记录“第一个 1 万元存款”“首次投资盈利”等节点，它们本质是将漫长的财富征程切割为可量化的冲刺段，避免因目标遥远而失去动力。

3. 财富成长日记：让进步有迹可循

每天记录收支细节、投资心得，每年对比数据变化，相当于给自己的财务做“CT 扫描”。比如发现“每月的外卖支出占比从 15% 降至 8%”，说明消费习惯已优化；看到“理财收益年增长 23%”，则验证了投资策略的有效性。持续记录就是持续校准财富航向。

案例故事

愿景板点燃的未来憧憬

思瑶一直希望能够在 30 岁之前实现财富自由，过上自己理想中的生活。但她发现虽然心中有目标，可是在日常的忙碌中，很容易忘记自己的初心，于是她制作了一个愿景板。在愿景板上，她贴上了自己梦想中房子的照片、心仪的汽车图片、一些代表财富数字的卡片，以及写有“30 岁实现财富自由”的标语。每天早上起床后和晚上睡觉前，她都会认真看一眼愿景板。每当完成一个“愿景”，她就在愿景板上面画一个大大的句号。尽管有的目标还很遥远，但她的内心充满了斗志。

里程碑需要一步一个脚印

从入职的第一天起，小聪就准备了一个专门的笔记本，用来记录自己的财富里程。最初的记录是工作半年后攒下了第一个 5000 元，随着时间推移，他学会了投资理财，并成功购买了第一只盈利的股票，获得了 2000 元收益，他认真地将这一时刻记录下来。后来他又通过合理规划支出，存够了一笔钱用于购买提升职业技能的课程，这一里程碑也被他写进本子。每一次记录都让他对自己的财富管理能力更有信心，也促使他更加努力地工作和学习理财知识。经过几年的积累，他实现了购买人生第一套房产的目标，翻开记录财富里程碑的笔记本，满满的成就感涌上心头，也激励他朝着下一个财富目标奋进。

行动指南

习惯 1：用愿景板贴出财务目标，每天看一次

1. 素材收集：打印梦想中的房屋、旅行目的地、目标存款数字等图片。

2. 视觉呈现：将图片粘贴在硬纸板上，添加激励标语（如“3 年存够首付”）。

3. 每日强化：早晚各注视愿景板 1 分钟，想象目标达成后的场景。

习惯 2：记录“财富里程碑”，增强成就感

1. 选择记录工具，为记录财富里程碑设立专门的板块。

2. 每当达成一个重要的财富目标后，都详细记录。

3. 定期回顾财富里程碑记录，从过往经历中吸取经验，激励自己继续前行。

习惯 3：记录“财富成长日记”，每年回顾对比

1. 每日三问：今日必要支出是否超标？新增收入渠道有哪些？投资策略是否需要调整？

2. 年度对比：次年 1 月分析全年数据（如储蓄率、理财收益率、消费结构变化）。

3. 策略迭代：根据对比结果，制订新年“优化三件事”（如“基金定投占比提升至 30%”）。

变富小结

看得见的目标，抓得住的财富

愿景板是瞄准靶心的望远镜，里程碑是丈量进度的标尺，成长日记是修正弹道的记录仪。当这三个工具同时运转，你会发现：财富自由不是奇迹，而是每天精准命中 1 厘米的累积。从今天起，让每一分钱都朝着“被看见”的方向流动。

在第一章中，我们围绕财富基石搭建，学习了掌控每一分钱的六个重要习惯：通过 5 分钟记账，我们能够清晰掌握消费明细，不再对钱的去向一无所知；20% 存款策略让我们强制储蓄，告别“月光族”；消费“断舍离”让我们理性消费，避免冲动购物；逃离电子支付的“温柔陷阱”让我们对金钱更有实感，减少不必要支出；为意外开支筑牢防线，让我们面对突发状况时更从容；目标可视化则让我们有了明确的财富方向。这些习惯相互关联，记账是了解收支的基础，存款是积累财富的开始，理性消费和避免支付陷阱能减少支出，意外防线和目标可视化能保障财富稳定与增长。将这些习惯融入日常生活，并持续践行，我们就能逐步搭建稳固的财富基石，为后续的财富增长之路奠定坚实基础。

第二章
聪明消费秘籍——挥别隐形浪费

消费在生活中无处不在，可很多时候，我们的钱不知不觉就被隐形浪费掉了。购物时的冲动消费、盲目跟风“薅羊毛”、不懂合理租赁与选择平替，以及毫无节制的批量囤货，这些行为都在不知不觉中消耗着我们的财富。第二章将为你带来聪明消费秘籍，教你用清单与冷静期给购物戴上“紧箍咒”，掌握“薅羊毛”战术，运用租赁与平替的省钱智慧，告别囤积症，学会“该省省、该花花”，还能制订“家庭消费法”。遵循这些方法后，我们能有效减少不必要开支，让每一分钱都花得更有价值，把钱花在刀刃上，为财富积累贡献力量。

购物“紧箍咒”：清单与冷静期双保险

引言：你的钱包还在“失控”吗？

李欣是一个热爱购物的女孩儿，每当有空闲时间，她总会浏览各种电商平台，被各种促销和打折信息吸引。她常常在没有明确需求的情况下，冲动地购买许多物品，有些甚至从未使用过。这种毫无计划的购物行为不仅让她的财务状况变得紧张，也让她的家里堆满了闲置物品。张明是一名电子产品爱好者，每逢新品发布他总会第一时间抢购，毫无节制的大额消费让他常年陷入“还信用卡—冲动消费”的恶性循环。

他们的经历揭示了购物失控的两大陷阱：需求模糊与即时冲动。注意，购物不是战场，无须“冲锋陷阵”。用清单锁定目标，用冷静期过滤冲动，每一笔消费才能精准命中真实需求。

变富思考

1. 需求清单：给购物装上“导航仪”

广告和促销如同一团迷雾，让人迷失消费方向。需求清单的本质是“主动筛选机制”——通过提前明确“需要什么”，屏蔽“想要什么”的干扰。用清单对照购物，如同在超市只拿购物车里的商品，避免了货架旁“顺手一拿”的浪费。

2. 24 小时冷静期：给冲动套上“紧箍咒”

神经科学证实，高价商品会刺激大脑释放多巴胺，让人们产生“不买就亏”的错觉。24 小时冷静期通过强制“延迟满足”，让理性重新接管决策权。冷静期内核对预算、评估替代方案、盘点已有资源，足以戳破“伪需求”的泡沫。

案例故事

“剁手党”的清单革命

王莉以前也是热衷于冲动消费的“剁手党”，家里的东西总是买得多、用得少。为了改变这种购物方式，王莉开始在每次购物前将自己真正急需的东西列举出来，并用笔重点标记。每当需要买东西时，她都会先拿出这份清单，对照上面的物品进行购买。这种方法让王莉逐渐摆脱了冲动购物的困扰，现在她的家里整洁有序，经济上也更加宽裕。

从“月光族”到冷静消费实践者

2024年初，陈婷在某奢侈品牌店专柜看中了一款价格昂贵的包包，虽然她卡里的余额完全可以直接购买，但她转身离开了。回去后，她核对了自己的消费预算表，发现买包将会占用旅游基金；然后她浏览了二手包网站，发现这款包包的收藏价值很低；检查衣柜后，她发现已有2个同色系通勤包。在冷静一天后，陈婷彻底没有了买包的冲动，转而预订了心心念念的敦煌旅行。这种冷静期策略让她再一次避免了一笔非必要的大额支出。

行动指南

习惯1：购物前写下“需求清单”

1. 列清单：购物前用纸笔或手机备忘录，写下所有的急需物品（如“替换破旧运动鞋”）。

2. 画重点：用红笔或符号标记优先级最高的3项。

3. 严执行：只购买清单内的商品，拒绝促销话术诱惑（如“满500减100”）。

习惯 2：大额消费前强制 24 小时冷静期

1. 设门槛：单价超过月收入 10% 的消费，自动触发冷静期。

2. 三连问：

（1）是否占用其他重要预算？（如教育、医疗基金）

（2）是否有平价替代方案？（如二手渠道、租赁服务）

（3）已有物品能否满足需求？（如衣柜盘点）

3. 做决策：24 小时后仍认定必要，再完成支付。

变富小结

清单管需求，冷静管冲动，双管齐下管钱包

需求清单是“购物过滤器”，冷静期是“冲动灭火器”。当这两者成为消费本能时，你会发现：真正的富足不是买得更多，而是买得更准。从今天起，让每一分钱都为真实需求投票，而非为冲动买单。

薅羊毛也要有战术

引言：你的“省钱”可能正在烧钱

有人嫌比价麻烦，总以原价下单，却不知同一款商品在隔壁平台直降300元；有人为凑满减，硬塞两件不需要的T恤，实际多花200元“省下”50元；还有人坚持开车通勤，每个月多支出一笔油费，却忽略地铁半小时直达的便利……

这些行为看似“正常消费”，实则暴露了三大误区：盲目消费、伪需求陷阱、隐性成本失控。真正的“薅羊毛”不是无脑地占便宜，而是用战术让每一分钱都花出“性价比杠杆”。

变富思考

1. 优惠券与比价：省钱武器的“三段式连招”

优惠券、返利工具和比价网站的本质是“消费侦察兵”——它们能帮你锁定目标商品的最优价格坐标。广告制造的“限时折扣”幻觉往往让人忽略了跨平台价差，例如某款烤箱日常价为 1000 元，但在叠加店铺券、跨店满减和限时立减后，实际成交价可低至 580 元。战术核心是“先侦察，再出击”，而非被促销节奏裹挟。

2. 凑单满减：伪需求的“甜蜜毒药”

“满 300 减 80”的数学陷阱在于：你以为节省了 80 元，实则多花了 220 元。神经经济学研究证明：人们对损失的敏感度是收益的 2 倍，商家正是利用这种心理，用“不凑单就亏钱”的错觉诱导伪消费。真正的战术是“需求锚定”——购物前用清单划清边界，让满减规则为你的需求服务，而非倒逼需求。

3. 出行成本：被低估的“财富暗河”

私家车出行的隐性成本远超账面油费：保险费年均 5000 元、停车费 300 元 / 月、折旧损耗约 15%/ 年……而公共交通或拼车的成本可压缩至 1/4。更关键的是，通勤时间可转化为听播客、阅读的自我投资时间，从而实现从“成本支出”到“价值创造”的质变。

案例故事

小希的“烤箱狙击战”

小希一直想为家里添置一台烤箱，但价格一直让她望而却步。直到“双

11”购物节来临，她通过叠加使用店铺优惠券、跨店满减券以及前200名下单的立减优惠，最终以惊人的580元的价格将原价1000元的烤箱收入囊中。这次购物经历让小希深刻体会到了学会利用优惠券和参与促销活动的重要性。

“满减免疫法则”

元旦将近，王磊家门口的超市推出了全场满300元减80元的促销活动。面对诱惑，王磊只买了自己需要的牙刷和毛巾。收银员提醒他如果参与满减会更加优惠，但王磊却坚定地说：“我原本只想买20元的东西，为什么要为了凑单而多花200元呢？”王磊的理智消费观念让他避免了不必要的浪费。

行动指南

习惯1：学会利用优惠券、返利工具和比价网站

1. 在购物前，先对比不同平台的价格，选择最优惠的购买渠道。
2. 搜索是否有可用的优惠券，确保在购买时能够享受折扣。
3. 日常关注各个电商平台的活动公告，以便在优惠力度最大时进行购买。

习惯2：拒绝“凑单满减”，只买真正需要的东西

1. 购物前列出自己真正需要的物品，形成购物清单。
2. 理性评估优惠力度和自己的实际需求，避免为了凑单而购买不必要的商品。
3. 坚持只购买自己真正需要的物品，拒绝不必要的购买。

习惯3：选择公共交通或拼车

1. 熟悉所在城市的公共交通线路和时间表，规划出最便捷、最经济的出

行方案。

2. 利用拼车软件或社交平台寻找与自己出行路线相近的伙伴，共同分担出行成本。

变富小结

“薅羊毛”的本质是“认知税”的攻防战

低认知者被规则收割（如为凑单多消费），高认知者用规则获利（如叠加优惠省 40%）。从今天起，记住以下三条铁律：

（1）所有优惠都有价码——先算清“时间成本/伪需求成本”再出手。

（2）省下的钱才是真收入——580 元买到的烤箱，比原价购买多出 420 元投资本金。

（3）出行不仅是移动，更是财富动线——把通勤路变成“认知升级路”，在省钱的同时同步赚钱。

消费新姿势：租赁与平替的省钱智慧

引言：当“拥有”不再是唯一答案

有人为了一次旅行购买千元的露营装备，用后闲置落灰；有人因手机屏幕碎裂直接更换新机，却忽略百元维修的选项；还有人追逐名牌护肤品，对成分相同的平价替代品视而不见……

这些行为背后，是“占有欲”和“即时满足”在主导消费决策。真正的消费智慧在于跳出“非买不可”的惯性思维，用租赁、修复、平替等方式构建可持续的消费生态。

思考

1. 以租代买：从所有权到使用权的降维打击

现代社会商品的迭代速度远超过物品的实际寿命，租赁的本质是“为需求精准付费”。短期使用的物品（如婚纱、专业器材），租赁成本往往不超过购买价的 10%，且无须承担维护、存储、折旧的隐性成本。更重要的是，租赁市场常提供最新型号，避免“买旧款用三年”的科技贬值风险。

2. 修复代替更换：对抗计划性报废的生存技能

商家通过“一体化设计”“专用零件”等策略缩短产品寿命，倒逼消费者频繁换新。修复行为的核心是“对抗消费主义陷阱”：一个 500 元的电饭煲的维修费是 50 元，实际使用成本从“年均 100 元（5 年报废）”降至“年均 10 元（50 年使用）”，在复利效应下相当于每年赚取 9% 的收益。

3.. 平替消费：性价比的黄金分割点

“平替”不是将就，而是“剥离品牌溢价的技术性抄底”。相关研究发现：80 元的口红与 800 元的口红，核心成分差异成本不足 5 元；200 元的蓝牙耳机与 2000 元的旗舰款耳机，它们的芯片方案可能来自同一供应商。关键在于识别“核心功能溢价区”，比如冲锋衣的防水指数达到 20000 毫米即可应对暴雨，无须为 30000 毫米的极限参数多付 50% 的价格。

案例故事

轻资产旅行者的租赁经济学

小华是一个热爱旅行和摄影的年轻人。每次旅行前，他都会根据行程需要，租赁相应的摄影器材和旅行装备。这样做不仅避免了为了一次旅行而购买大量昂贵器材的浪费，还让他能够轻松体验最新的科技和产品。租赁公司提供的维护和保险服务更让他无后顾之忧，轻装上阵，享受生活。

社区手艺人的修复革命

老雷是小区里出了名的“手艺人”，不管是老旧的家具还是发生故障的电器，经过他的修补，总能焕发新生。他不仅节省了家庭开支，还为家中增添了一份独特的复古韵味。在他的影响下，社区逐渐形成了一股修复文化的热潮，大家开始更加重视物品的使用价值和环保意义。

行动指南

习惯 1：以租代买性价比更高

1. 评估需求：明确自己的实际需求和使用频率，判断租赁是否比购买更划算。

2. 选择可靠平台：选择信誉良好、服务完善的租赁平台，确保租赁过程的透明和安全。

3. 合理规划预算：根据自己的财务状况合理规划租赁预算，避免过度消费。

习惯 2：修复代替更换，延长物品使用寿命

1. 培养修复意识与习惯：在面对损坏的物品时，先思考是否有修复的可能。

2. 掌握一些基本的维修技能，如更换灯泡、拧紧螺丝、修理小家电等。

3. 利用二手市场、维修店等资源，寻找修复所需要的零件和工具。

习惯 3：选择性价比高的“平替”产品

1. 在购买前多做功课，了解产品的核心功能和成分，避免为品牌溢价买单。

2. 通过社交媒体、消费者论坛等渠道，参考他人对“平替”产品的真实评价。

3. 优先选择有试用服务或退换保障的商家，降低试错成本。

变富小结

租赁享自由，平替显智慧

租赁经济让我们以更低的成本享受更多的选择，而平价替代策略则让我们在追求品质生活的同时节省开支。当这两者成为消费习惯时，你会发现：真正的富足，不是拥有更多，而是用得更巧。

囤积症克星：批量采购≠无脑囤货

引言：当“精打细算”变成“越省越亏”

贺敏平时工作繁忙，为了节省时间，又考虑到“量大便宜”，她常常会一次性购买大量的日用品，如纸巾、洗发水、洗衣液等，这些东西堆满了整个储物间。结果因为买得太多，许多物品还没来得及使用就已经过期，造成了不小的浪费……

囤积的本质是对资源的错配：盲目囤货浪费金钱，闲置堆积吞噬空间。真正的消费智慧在于用“计划性采购＋定期清理”实现资源的高效流转，让每一件物品都物尽其用。

变富思考

1. 批量采购：别让“便宜”绑架你的生活

商家用“买三送一”制造“不买就亏”的错觉，但囤积过量的日用品会引发空间占用、物品过期、管理成本飙升等连锁反应。真正的省钱逻辑是“以需定购”：根据家庭的消耗速度和产品保质期，精准计算采购量。比如保质期12个月的洗衣液，若每月消耗1瓶，单次最多采购8瓶（留出4个月的缓冲期）。

2. 闲置清理：给空间和心灵做减法

行为经济学家丹·艾瑞里指出：人们保留闲置物品的本质是不愿意承认“决策失误”。实际上，闲置物品的维护成本（如储物费、心理负担）远超其残值。定期清理闲置物品不仅能腾出物理空间，更切断了“沉没成本”对生活的绑架——与其让旧手机在抽屉里“吃灰”，不如转卖给需要的人，让资源重新流动。

案例故事

日用品精算术

小婷十分擅长管理生活开销，每次采购日用品时，她都会优先选择信誉良好的商家，还会花时间收集优惠券，紧盯商家促销活动，只为以最实惠的价格买到所需物品。

在挑选商品时，小婷不会盲目囤货，而是依据家庭实际需求，严格控制购买数量，确保每样物品都能在保质期内用完，杜绝过期浪费。

为了更好地管理日用品，每次采购后，小婷都会拿出小本子，详细记录每一件物品的数量，并结合以往的使用频率，估算预计使用时间。借助这份记录，她对家中日用品库存了如指掌，既能保证日常生活不受影响，又不会过度采购，占用资金和空间。凭借这些方法，小婷不仅节省了开支，还让生活变得井井有条。

吴薇的“空间革命”

吴薇是一名全职妈妈，在操持家务的过程中，她发现家里的闲置物品越堆越多。吴薇花了整整三个月时间，仔细整理各个角落，竟清理出 200 件闲置物品。她将这些物品拍照上架到二手平台售卖，成功变现 2000 多元。

腾出空间后，吴薇将这块区域改造成儿童阅读角，给孩子打造了一个良好的阅读环境。为了记录整理过程，吴薇尝试将整理过程拍成短视频分享到网上，没想到视频广受好评，吸引了 2 万粉丝关注。不少家居品牌也向她抛出橄榄枝，寻求合作。如今，吴薇常笑着感慨：“家里每件物品都该有‘工资’，不能为我们创造价值或愉悦感的，其实就是在消耗我们的财富。”

行动指南

习惯 1：批量采购日用品，但避免囤积

1. 根据家庭的实际需求和消耗速度，制订详细的日用品采购计划。

2. 定期盘点家中日用品的库存情况，及时清理过期或即将过期的物品。

3. 不要因为促销或优惠而盲目购买过多物品，确保每次采购都符合家庭实际需求。

习惯 2：定期清理家庭闲置物品

1. 用“三连问”筛选物品：过去一年用过吗？未来半年会用吗？如果丢失会买新的吗？

2. 分层处理：转卖高残值物品，捐赠或回收低残值物品，果断丢弃无用物品。

3. 用清理所得购置智能收纳工具（如真空压缩袋、透明储物盒），防止复乱。

变富小结

让物品回归“工具”本质

批量采购是手段，不是目的；定期清理是减法，更是新生。当纸巾只为擦拭而存在，当衣柜只为穿衣而服务，当每一寸空间都呼吸自由——你会发现：生活的主动权，从不为物品让步。

该省省、该花花

引言：当“节俭”变成另一种浪费

为了省钱，小赵常年购买廉价日用品：10 元一把的塑料扫帚用 3 个月就断，30 元的电水壶用半年就生锈漏水。某次他发烧硬扛三天，最终因肺炎住院，自费治疗花掉半个月工资。

另一边，小泽被“首月 9.9 元”的追剧会员吸引，勾选自动续费后便把这件事抛之脑后。半年后查账单他才发现，即便早已不看这部剧，每月仍被扣除 25 元会员费，白白浪费了 150 元。

这些行为的背后是“假性节俭”与“无意识消费”的双重陷阱，真正的精明消费是既要砍掉隐性浪费，也要为必要体验买单。

变富思考

1. 节俭的黄金分割点：砍成本≠砍品质

廉价商品看似省钱，实则需支付隐性成本：频繁更换的金钱成本、维修损耗的时间成本、劣质体验的情绪成本。比如，一个 300 元的保温杯你使用 5 年（每天成本 0.16 元），比 50 元的保温杯每年换新（每天成本 0.14 元）更划算，且避免了“突然漏水烫伤手”的风险代价。

2. 订阅服务的清醒消费：别让“便利”偷走未来

自动续费的本质是“用沉没成本绑架决策”——用户因“已付费”强迫自己继续使用，或遗忘后持续支付闲置服务。哈佛商学院研究显示：53% 的订阅者承认至少有一项不再使用的付费服务，平均每年浪费约 500 元，相当于普通人半个月的食品支出。

案例故事

金牌销售的“刀刃哲学”

陈芳在公司里是一名优秀的金牌销售员，对待客户接待工作，她格外用心。每次接待客户前，陈芳都会仔细了解活动的性质和预算，精心挑选既契合活动氛围，又符合预算标准的餐厅和活动的场所。这既不会让客户觉得公司小气，又不会铺张浪费，给公司增加不必要的开支。

工作结束后，陈芳从不搞那些花里胡哨的消费。她经常乘坐地铁回家，到家后亲自下厨做饭，凭借这种方式节省开支。但当成功拿下大订单时，陈芳也不会吝啬。她会挑选一家不错的餐厅，大方请客，和团队同事们一起庆祝，共享成功的喜悦。陈芳常说：“真正的节俭不是一味地省钱，而是能在节俭和追求品质之间找到平衡点。”

被自动续费偷走的 224 元

小张向来习惯每月检查手机账单，在一次查看时，他惊讶地发现某音乐平台每月都会自动扣款 28 元。这让他不禁疑惑，自己平时很少使用该平台听歌，怎么会有这么一笔固定的支出？

带着疑问，小张打开音乐 App 查看使用记录，结果令人哭笑不得。近半年来，他仅登录过两次，而且这两次都是误触广告才跳转进去的。进一步了解后，小张发现该平台曲库的 80% 歌曲都能在另一视频平台免费收听。

意识到自己“花了冤枉钱”，小张果断取消了音乐平台的订阅，改为按次付费模式。这一改变效果显著，原本半年需要支出 168 元，调整后仅花费 9 元。这次经历让小张养成了定期检查账单的习惯，避免了不必要的消费。

行动指南

习惯 1：不要抠抠搜搜地花很多钱

1. 为自己设定合理的预算，确保不会超支。
2. 关注产品的性价比，选择质量可靠且价格合理的选项。

习惯 2：取消自动续费会员，按需开通服务

1. 每月或每季度定期检查手机或电脑上的应用和服务，查看是否有自动续费的项目。

2. 对于不再需要或很少使用的服务，及时取消自动续费。

3. 在需要使用某项服务时，再根据需要开通相应的会员或订阅服务。

变富小结

会花钱的人，才配得上财富

节俭不是自我惩罚，而是把钱当作士兵——让每一分钱都为你冲锋陷阵。

买扫帚时多花 20 元，是为了让地板替你节省半个小时；取消自动续费，是为了让钱包替你守住自由。

记住：真正的富足，是让钱流向让你更值钱的地方。

家庭消费宪法：公约白纸黑字

引言：当消费观碰撞时，规则比争吵更有效

新婚半年的王磊和妻子周雪因为“该不该花3000元买空气炸锅”爆发争执。丈夫认为这是智商税，妻子坚持它可以“提升生活品质”。类似的矛盾每月都会上演：孩子的兴趣班、老人的保健品、“双11”囤货……直到他们用一张A4纸列出《家庭消费公约》，争吵声才变成了计算器的按键声。

消费差异的本质是价值观的冲突，而公约的意义在于：让感性的“我想要”变成理性的“我们该如何选择”。

变富思考

1. 家庭公约：给消费装上“红绿灯”

消费观念冲突如同交通堵塞，需要明确的规则疏导。家庭公约的核心是划定边界：哪些支出必须集体决策？哪些支出可以自主决定？比如，大额消费需“双人签字”，小额支出允许自由支配。规则越清晰，家庭财富的“交通事故”就越少。

2. 节能习惯：从省电费到养财商

随手关灯、调高空调温度看似琐碎，实则能培养家庭成员的资源敏感度。当孩子发现“少开一小时空调 = 多买一本漫画书”时，他们会主动成为家庭财富的“小管家”。把这种习惯迁移到生活中，在未来面对投资理财时，他们自然懂得权衡成本与收益。

案例故事

李阿姨的“水电革命”

李阿姨一家向来注重生活的每一处细节，为了更好地节省家庭开支，践行绿色生活，李阿姨在儿子的建议下，安装了智能电表和水表。通过手机App，一家人能实时监测家庭水电用量，对家里的能耗情况了如指掌。

观察一段时间后，李阿姨发现许多水电费浪费在了一些小细节上。于是一家人开始改变生活习惯，合理安排水电使用时间，人离开房间就及时关闭不必要的电源和水龙头。不仅如此，为了进一步降低能耗，李阿姨家陆续更换了 LED 灯、节能冰箱等节能家电。

一段时间过后，家庭的水电费显著下降。李阿姨感慨地说："一开始还以为节能要大费周章，没想到改变些小习惯、添置几件节能家电就能轻松做到，既省钱又环保！"

三代同堂的"公约实验"

杨倩一家五口人生活在一起，为了让家庭财务状况更加健康，大家围坐在一起，共同制订了家庭财务公约。公约明确规定：孩子兴趣班的费用不能超过月收入的 5%；为了应对父母的医疗需求，他们专门设立了医疗专用账户；夫妻二人但凡有共同消费项目，必须提前 48 小时进行讨论。

在执行公约的过程中，一家人都严格遵守规定，消费变得更加理性。半年时间过去，家里每月的浪费性支出大幅下降，从 35%降至 12%。到了年底，省下的钱足够全家人一起去三亚旅行。在旅行的途中，婆婆笑得合不拢嘴，感慨地说："以前总担心孩子们乱花钱，没想到现在全家一起立下规矩，日子反倒越过越好，钱也更经用了 。"

行动指南

习惯 1：优化家庭水电费

步骤 1：定期检查水电设备，确保设备正常运行，避免漏水、漏电等浪费现象。

步骤 2：培养节约意识，如随手关灯、关闭不必要的电源和水龙头等。

步骤 3：购买节能家电，如 LED 灯、节能冰箱等，降低家庭能耗。

习惯 2：制订家庭“消费公约”

步骤 1：按需求分级（生存消费、品质消费、投资消费），设定不同决策流程。

步骤 2：预留 10%“自由支配金”，避免过度压抑引发反弹。

步骤 3：每月召开“消费复盘会”，用数据优化公约条款（如“宠物支出超预算”需新增细则）。

变富小结

规则是家庭财富的隐形管家

水电费优化教会我们“管住细节”，消费公约教会我们“管住欲望”。当全家人共同遵守白纸黑字的规则时，省下的不仅是电费账单上的数字，更是争吵消耗的情感成本。记住：最好的家庭理财从给每一分钱发“身份证”开始。

财富总结

在这一章节，我们深入学习了挥别隐形浪费的各种方法。在购物前列清单和设置冷静期，让我们避免了冲动购物，减少了非必要支出；有战术地“薅羊毛”，让我们在享受产品优惠的同时不盲目消费；选择租赁和购买平替商品，以更经济的方式满足需求；合理看待批量采购，告别囤积症，避免资源和金钱的浪费；秉持“该省省、该花花”的原则，让消费更加理性；制订“家庭消费法”，使家庭消费有章可循，避免内部消费矛盾和浪费。这些习惯能够帮助我们优化消费结构，减少不必要的开支。坚持践行这些聪明消费的习惯，我们就能积累更多资金用于储蓄和投资，让财富稳步增长。

第三章
多元收入拓展
——开启财富增长新通道

仅靠单一的工资收入，财富增长往往很有限。想要开启财富增长新通道，就要积极拓展多元收入。在职场中，升级简历与提升技能是获得升职加薪的关键密码，利用业余时间开展副业创富计划能让平凡的日子创造奇迹。人脉如同隐形财富，用心经营能带来意想不到的机遇；一些零散赚钱小妙招儿虽不起眼，却能积少成多。家庭协作能形成致富流水线，避免内耗，共同向财富目标迈进；每天只需投入 30 分钟，坚持 5 年，或许就能多赚 100 万元。让我们在这一章探索多元收入拓展的无限可能，为财富增长注入新动力。

职场进阶密码：简历升级与技能跃迁

引言：当你的核心竞争力悄然贬值

王郎在年度简历更新时愕然发现，自己引以为傲的“项目管理经验”已从猎头眼中的“香饽饽”，沦为招聘需求中的基础项——市场对同岗位的要求新增了“AI 工具部署”和“跨文化团队协同”。这个发现像一盆凉水一样浇醒了他：职场没有永恒的安全区，能力折旧速度远超想象。

很多人沉浸在重复性工作中，误以为资历等同于价值。职场的残酷真相是：你的薪资由市场定价，而非自我感觉。就像最新款手机发布后，旧机型的价格必然跳水。

思考

1. 简历即战报：用市场标尺丈量成长

每年更新简历的本质是用市场标准给自己做 CT 扫描。当你在简历中写下“主导项目为公司节省 30 万元成本”，就是在回答市场“我的能力能值多少钱”。这个过程将倒逼你量化成果、提炼优势，避免陷入“五年经验重复用一年”的职场陷阱。

2. 断舍离工作法：剪掉低效枝丫

低效工作如同寄生藤蔓，会吸走主业的养分。清理这些任务不是偷懒，而是给核心竞争力腾出生长空间。就像园丁修剪果树，剪掉杂乱枝丫后，剩下的主干才能结出更甜美的果实——既可能是晋升机会，也可能是副业收入。

故事

案例 1　HR 转型数据分析师的跃迁之路

小琴在一家公司做了 8 年的人力资源（HR），她知道职场瞬息万变，自我提升刻不容缓。因此在每年更新简历时，小琴都会敏锐地捕捉市场趋势，及时调整简历内容。

2022 年，小琴察觉到，在与猎头沟通的过程中，简历里“员工数据分析”模块被高频询问。她意识到，数据分析能力在 HR 领域越发重要。于是小琴果断报名学习 Python 编程和数据可视化工具。在接下来的半年时间里，她一边学习理论知识，一边结合工作实操。成功运用所学知识完成招聘漏斗分析、人才流失预测等工作后，小琴将这些成果写入简历。

这份精心打磨的简历很快吸引了互联网公司的注意，小琴成功跳槽，担任互联网公司HR数据分析师，薪资涨幅达40%。小琴笑着分享："更新简历就像照镜子，它让我清楚地看到自身不足，督促我不断提升。"

文案策划的"工作断舍离"实验

晓琳在广告公司身兼数职，日常忙得晕头转向，业绩却始终不温不火。一次偶然的机会，她接触到"时薪思维"，这让她开始重新审视自己的工作。晓琳发现，花3个小时整理资料就意味着少写1篇核心文案，潜在奖金也会少300元。想明白这一点后，她果断舍弃资料整理工作，将省下的时间投入爆款文案模型的研究中。

经过日夜钻研，晓琳总结出了《母婴产品情绪化写作SOP》。这套方法不仅提高了她的文案创作效率，还大幅提升了文案质量。三个月后，凭借这套方法论，晓琳拿下年度最佳文案奖，获得带团队的机会。如今晓琳在展示工作清单时，上面划掉的任务比新增的多两倍。她自信地说："现在，我的时间只分配给高价值任务。"

行动指南

习惯1：每年更新简历，即使不跳槽也能了解市场价值

步骤1：建立"能力雷达图"。对比招聘网站上目标职位的技能要求，标注自身匹配度。

步骤2：量化工作成果。将"完成项目"改为"通过××策略实现转化率提升25%"。

步骤3：增加趋势模块。在简历末尾添加"未来三年能力规划"，展现成长性。

习惯 2：定期清理低效工作，提升主业效率

步骤 1：制作“工作能量表”。按“时薪价值 / 能力提升值”给每项任务打分（低于 60 分即预警）。

步骤 2：设置“任务垃圾桶”。将复印文件、重复填表等事务打包转交 AI 工具或实习生。

步骤 3：开辟“黄金三小时”。每天屏蔽消息，专注核心任务，用番茄钟记录心流时长。

变富小结

真正的职场竞争力藏在持续迭代的习惯里

更新简历是向外探测市场水温，清理低效工作是向内优化能量分配。当你能用市场语言给能力定价，用精算思维给时间标价，就会发现：升职加薪不是等来的机遇，而是设计出来的系统成果。记住：你的下一份薪资就藏在今年的简历更新记录里，你的晋升可能性写在昨日删除的低效任务清单上。

副业创富计划：业余时间创奇迹

引言：当你的下班时间开始孵化金蛋

顾佳用每天下班后的 2 小时研究烘焙，三年后，她的甜品工作室月流水突破 8 万元——这相当于她本职工作的 5 倍薪资。而这一切的起点，不过是厨房里飘着奶油香气的夜晚。

许多人对副业的认知还停留在“赚零花钱”，却忽视了其本质是用时间杠杆撬动人生可能性。真正聪明的副业者从不把 8 小时以外的光阴贱卖给追

剧和无效社交。他们像雕琢艺术品一样打磨业余时间：将兴趣变成产品，把技能转化为订单，让零碎时光聚沙成塔。这种“轻创业”模式，本质上是用最小试错成本，在职场主航道旁开辟一条财富支流——即便副业失败，你仍是白天西装革履的上班族；但若成功，你就是自己人生的CEO。

变富思考

1. 轻创业实验室：把爱好变成商业原型

真正的副业不是“用时间换钱”，而是用创造力造钱。下班后的2小时可以是测试市场需求的实验室：英语老师建立付费学习社群，设计师接Logo定制，程序员开发效率工具……这些轻量级尝试的本质是在验证“你的热爱能否被市场定价”。

2. 副业三原色：时间 × 技能 × 流量

成功的副业需融合三种元素：可复用的碎片时间（如通勤时写文案）、可产品化的核心技能（如烘焙 / 摄影 / 编程）、可裂变的流量池（如小红书 / 朋友圈）。当你在社交媒体发布第100条烘焙视频时，吸引的不仅是点赞，更可能是愿意付费的精准客户。

案例故事

英语老师的“知识付费”革命

薛芳芳在批改作业的深夜灵光乍现：为何不把教案变成网课？她利用暑假录制《中考英语急救包》，并上传至知识付费平台。起初每天只有3元收益，但她坚持每周更新解题技巧直播。一年后，她的课程登上平台教育类目

TOP10，月收入超过2万元。“现在学校发的工资，反而成了我的‘零花钱’。”她笑着展示手机上的到账短信。

案例2 市场营销员的“甜蜜转型”

赵晴的烘焙副业始于同事生日的一个蛋糕订单。她把每次的制作过程拍成短视频，竟意外引发办公室“甜品内购潮”。为兼顾品质与效率，她设计出“周末预制+工作日配送”模式：周五下班烤制基础坯，午休时间组装装饰，利用公司冷链柜暂存。如今她的客户已从同事扩散至周边写字楼，甚至接到婚庆公司的批量订单。“原来打工和创业之间只隔着一个烤箱的距离。”她指着厨房里新添置的商用烘焙设备说道。

行动指南

习惯1：用业余时间尝试“轻创业”

步骤1：找到你真正热爱并擅长的领域，作为轻创业的起点。

步骤2：明确你的产品或服务，制订市场推广、客户服务和盈利模式等计划。

步骤3：在小范围内测试你的产品或服务，收集反馈，不断优化。

步骤4：利用社交媒体等平台，建立与目标客户群体的联系，培养忠实粉丝。

习惯 2：利用下班后 2 小时发展副业

步骤 1：确定自己的兴趣和专长，选择适合自己的副业方向。

步骤 2：制订合理的时间规划，确保副业活动不影响正常工作和休息。

步骤 3：不断提升自己的技能水平，以适应副业发展的需要。

步骤 4：积极寻找合作机会和资源支持，拓展副业的发展空间。

变富小结

副业的本质是给人生安装双系统

轻创业不是压榨休息时间，而是利用 8 小时外的光阴培育“第二曲线”。当你深夜在厨房调试新品配方时，在通勤地铁上回复客户咨询时，在周末咖啡馆剪辑推广视频时，实际上是在搭建一条脱离职场赛道的逃生梯。记住：所有伟大的事业，最初都藏在某个不起眼的业余时间里——可能是你正在刷手机的此刻，也可能是烤箱倒计时结束的下一分钟。

人脉经营出机遇

引言：当你的社交圈开始替你赚钱

在设计师小辰加入行业社群的第 90 天，他突然收到一条陌生消息：“看了你在群里分享的包装设计案例，我们急需改造产品线，预算 1 万元，接吗？”这条信息来自某快消品牌总监，而两人的唯一交集是社群里的三次专业讨论。

在职场中，人脉不是通信录里的数字游戏，而是精准筛选后的价值共振系统。聪明人经营人脉，如同园丁修剪盆栽：剔除消耗能量的“社交杂草”（如无效饭局），培育能共生共荣的“乔木”（如行业导师），再用“藤蔓”（如社

群资源）连接更多可能性。这种经营本质上是时间与信任的投资，当你说“不”的瞬间，其实是在为真正的机遇腾出空间。

变富思考

1. 人脉复利公式：10×（价值交换 + 边界管理）

高质量人脉的本质是可持续的价值流动。维护 10 个核心人脉的关键，在于每月至少提供一次“资源投喂”（如分享行业报告 / 牵线合作），同时用“拒绝艺术”过滤非核心请求。比如设计师小辰在社群每分享 3 次设计模板，才提出 1 次合作邀约，这种“输出先行”策略能让人脉资源主动找上门。

2. 社群的杠杆效应：500 人的群聊 =5000 倍机会密度

行业社群不是用来潜水的水族馆，而是机会捕捞场。如果你在 500 人社群每周贡献 3 条专业见解，一年就能积累 156 次曝光时间，这相当于在行业雷达上持续闪烁。而会说“不”的人，懂得把刷短视频的碎片时间转化为在社群解答问题的“社交货币”，用 200 小时的年投入换取潜在合作机会。

案例故事

赵雷是一名 IT 工程师，他通过参加技术论坛和行业交流会，结识了一群技术大牛和行业专家。在一次交流会上，他得知某家公司正在寻找具有特定技术背景的工程师，于是主动联系了该公司，并成功获得了面试机会。最终赵雷凭借出色的技术能力和人脉资源的推荐成功入职该公司，实现了职业生涯的一次重要跨越。

琳琳曾是朋友圈中的“老好人”，对同事的各种请求都来者不拒，帮忙取快递、代做工作报表等，这导致自己的工作常常需要加班完成。同事们聚餐、唱K等活动她也从不缺席，每月工资的一大半都花在这些无意义的社交上。琳琳意识到这样下去不行，她开始学会拒绝一些不合理的请求和无意义的社交。起初她担心这会破坏同事关系，但出乎意料的是，学会说“不”以后，不仅没有让她失去朋友，反而让她赢得了更多的尊重与自由。

行动指南

习惯1：主动维护10个高质量人脉

1. 明确自己的人脉需求，确定需要结识的人群类型。
2. 参加行业活动、加入专业社群等，积极拓展人脉资源。
3. 保持与人脉的定期联系，通过邮件、电话、社交媒体等方式保持沟通。
4. 在人脉关系中保持真诚和诚信，建立良好的口碑和形象。
5. 寻求与人脉合作的机会，共同实现互利共赢。

习惯2：加入行业社群获取机会

1. 根据自己的职业领域和兴趣，寻找相关的行业社群。
2. 积极参与群内讨论，分享经验，虚心学习，吸引潜在的合作机会。
3. 留意社群内发布的兼职、项目合作、招聘信息等，及时抓住机遇，拓展职业道路。

习惯3：学会说“不”，保护资源

1. 评估请求，判断其是否在自己的能力范围与时间允许内。

2. 诚实表达，用温和而坚定的语气说明自己的情况与限制。

3. 提供替代方案，如果可能，为对方提供其他解决途径或资源。

4. 练习拒绝，从小事开始，逐渐培养说“不”的勇气与习惯。

变富小结

人脉不是认识多少人，而是多少人为你解决

经营人脉的本质是构建一个自动筛选机遇的漏斗系统。当你在社群分享第 100 篇干货时，在婉拒第 20 个低价需求时，在深夜为人脉定制第 5 份资源包时，实际上是在搭建一个“机会引力场”。记住：人脉是种出来的，不是捡来的。

当赵雷在技术论坛主动提问时，当琳琳第一次拒绝无意义聚餐时，他们都在做同一件事：用专业价值当种子，以时间精力为肥料，在人脉土壤中培育机遇。记住：所有需要卑躬屈膝维持的关系都不值得投资，真正优质的人脉永远诞生于“你能解决什么问题”的答案中。

零散赚钱小妙招儿，积少成多也可观

引言：从“时间碎片”到“财富拼图”

程序员阿辉曾每天通勤 2 小时，每月在交通和餐饮上花费近千元。一次偶然的机会，他利用通勤时间接了一单远程编程项目，发现收入竟然能覆盖一周的通勤费用。如今他转型为自由职业者，通过承接远程项目、参与产品众测、出售自己设计的编程教学手工艺品，年收入突破 50 万元。

将看似无用的碎片时间（如通勤、排队、刷手机）转化为“微型创收单元”，无论是兴趣变现、问卷众测，还是远程工作，其本质都是用技能和时间碎片兑换现金流。这些看似微小的行动实则是“复利思维”的微观实践——每一份零散收入都在为财富大厦添砖加瓦。

思考

1. 兴趣是离钱最近的起点

将爱好变现的核心在于找到兴趣与市场的共振点，正如手工爱好者吴晓霞通过线上平台验证作品需求，兴趣变现不是“自嗨”，而是用市场反馈打磨产品，让热爱成为可持续的现金流。

2. 碎片时间里的财富密码

问卷调查、App 众测等零散机会的本质是用低门槛动作兑换时间价值。大学生小兰用课间 10 分钟完成问卷，月均增收 500 元，这证明时间无须整块出售，碎片化变现同样可累积复利。

3. 通勤时间也能“生钱”

远程工作不仅能省去交通成本，更将通勤时间转化为自我投资或创收时段。自由职业者用省下的 150 小时 / 年学习技能，时薪提升 50%，这就是“时间置换”的财富逻辑。

案例故事

吴晓霞一直对手工艺品充满热爱，闲暇之余，她常常会制作各种精美的手工作品，如编织品、陶瓷器等。起初她只是将作品作为礼物送给亲朋好友，后来逐渐意识到这些作品的市场潜力。于是她开始通过线上平台销售自己的手工作品，并逐渐积累了一定的客户。通过不断优化产品设计和营销策略，吴晓霞的手工艺品生意逐渐走上了正轨，并成为她收入的重要组成部分。

勤工启智：小兰的问卷众测之路与时间管理的双重收获

小兰是一名大学在校生，为了补贴生活，她利用课余时间注册了多个问卷调查平台，每当收到新问卷的通知时，她就会抽时间完成。此外，她还经常参与 App 众测，提供产品使用反馈。小兰将这些零散收入用于购买书籍和生活补贴，大大减轻了家庭的经济负担。更重要的是，通过这些活动，她学会了如何更有效地管理时间，提高了自己的市场洞察力和产品评价能力。

行动指南

习惯 1：将兴趣变现

步骤 1：确定自己的兴趣爱好，并评估其市场潜力。

步骤 2：利用线上或线下平台展示自己的作品或服务，从而吸引潜在客户。

步骤 3：不断优化产品和服务，提升客户满意度和口碑。

习惯 2：参与问卷调查、众测等零散赚钱机会

步骤 1：筛选平台。选择信誉良好、支付及时的问卷调查和众测平台，确保信息安全和收益稳定。

步骤 2：注册信息。认真填写个人资料，确保信息的真实性和完整性，有助于获得更多匹配的调查机会。

步骤 3：时间管理。合理安排时间，利用碎片时间参与活动，避免影响学习和工作。

步骤 4：保持耐心。零散赚钱机会虽然单次收益不高，但积少成多，保持耐心，长期坚持。

习惯 3：尝试远程工作或自由职业

步骤 1：评估自身职业技能是否适合远程工作或自由职业，如写作、设计、编程、翻译等职业较易实现远程化。

步骤 2：整理个人作品或工作成果，制作线上作品集，在相关平台展示，吸引潜在客户或雇主。

步骤 3：制订远程工作或自由职业的工作计划与财务预算，合理规划收入与支出。

变富小结

每一分钟都在为财富账户充值

吴晓霞在深夜编织第 100 个杯垫，阿辉把通勤时间切割成第 200 个“25 分钟工作单元”，他们都在验证：财富增长不是突发奇想，而是持续微动作的叠加。

真正的赚钱智慧在于把刷短视频的手用来点击“发布”，把抱怨通勤的嘴用来对接需求。记住：你对待零散时间的态度，决定了账户余额的厚度。

家庭协作流水线：共同致富不内耗

引言：凌晨 1 点的小作坊奇迹

小杨和妻子在电脑前核对手工饰品订单，三个月前他们用业余时间开的网店，如今副业收入已超过一人的工资。小杨翻着账本感慨："全家人的时间拧成一股绳，就是最值钱的资源。"

家庭协作的本质是把客厅变成董事会，让每个成员成为股东。孩子学管账、老人教手艺、夫妻分工接单——这种"资源拼图"模式，既能降低人力

成本，又能把家庭矛盾转化为共同目标。当理财教育和副业经营双线并行时，连压岁钱都能变成启动资金。

变富思考

1. 需求分工：让专业的人做专业的事

家庭成员的时间价值存在天然差异。丈夫时薪 200 元却花 2 小时修理水管，不如支付 100 元请专业人员维修；妻子擅长比价采购，可将家庭日用品采买全权委托。通过量化时间成本，让高价值者专注创收，低价值者发挥生活管理优势。

2. 目标对齐：从互相拉扯到共同发力

妻子为了存钱取消旅游计划，丈夫为了面子贷款换车，这类矛盾的本质是目标断层。建立家庭财富沙盘：用“五年购房”“子女教育”“养老储备”等可视化目标，替代零散的省钱/赚钱动作，让每一分钱的流动都有明确坐标。

3. 系统思维：把重复决策变成标准流程

每月重复讨论“孩子补习班选哪家”“年夜饭在哪吃”，本质是消耗决策精力。建立家庭 SOP 手册：教育支出按“成绩提升效果＞师资＞价格”决策，节日聚餐按“长辈偏好＞环境＞人均预算”执行，减少临时博弈损耗。

案例故事

退休教师的“家庭文创工作室”

65岁的周老师退休后，带着女儿和女婿开发非遗手作课程。女儿负责直播推广，女婿设计课程包，周老师亲自授课。一年内，家庭的副业收入突破20万元，还带动社区的10位老人再就业。周老师说："副业不是年轻人的专利，全家人的经验叠加就是独一无二的竞争力。"

小学生的"社区便利店"实验

程莉让10岁的儿子负责家庭日用品采购，每月给300元预算。孩子为了省下零花钱，主动比价、计算优惠券，甚至用记账App分析："买大包装纸巾比单卷装每月省9元，相当于多买3支雪糕！"半年后，孩子不仅用省下来的钱购买了自己心仪的玩具赛车，还总结出了让妈妈刮目相看的"超市省钱十大攻略"。

行动指南

习惯1：共同参与副业，分工协作

步骤1：挖掘家庭核心技能（如烹饪、手工、咨询），选择轻资产赛道。

步骤2：明确分工规则（如妻子管账、丈夫生产、孩子参与创意会）。

步骤3：设立"副业收益分配比例"，建议50%用于再生产，30%用于储蓄，20%用于奖励性消费。

习惯2：教孩子理财知识，培养储蓄习惯

8~15岁：用透明储蓄罐观察金钱的增长，玩"物物交换"游戏，理解价值。

12~29岁：开设儿童银行账户，引导制订"消费—储蓄—捐赠"三分配比例。

13 岁以上：模拟股票投资（可用虚拟账户），分析企业财报，培养商业思维。

最好的投资是让全家人都成为“合伙人”

周老师把女儿的手机变成直播间，程莉的儿子拿着记账本分析超市价签，这些场景都在印证：家庭财富增长的终极密码不是某个人的拼命赚钱，而是把每个人的碎片时间、闲置技能，甚至认知差异，编织成互相赋能的网络。

孩子的财商课不需要黑板，只须给他一个真实的采购任务。

夫妻的协作不需要口号，只须画一张分工明确的收益分配表。

三代人的智慧不需要说教，只须开一场解决实际问题的家庭会议。

当你把家变成“创富实验室”，每一句对话、每一次采购、每一笔收入都在为财富大厦浇筑混凝土。

30 分钟 / 天 =5 年多赚 100 万元

引言：你的技能在悄悄折旧吗？

李明每天通勤戴着耳机听课，午休翻看编程手册，睡前用 15 分钟复盘笔记。同事调侃他“搞形式主义”，直到他用自学的 Python 优化了部门报表效率，拿下公司季度效率标兵——奖励虽是两千元，却让他从边缘运维岗转入数据分析组，次年薪资涨了 10%。

这个时代最残酷的真相是：你引以为傲的技能可能正以每年 15% 的速度贬值。但好消息是每天只需要 30 分钟进行有效学习，就能让技能账户产生复利。五年后，那个在地铁上背单词的人可能正用双语谈着百万元的订单，那个深夜学 PS 的设计师或许已成立个人工作室。

变富思考

1. 时间的复利：从微小到巨大的转变

每天 30 分钟的学习虽然看似微不足道，但长期坚持下来却能形成知识的复利效应。就像滚雪球一样，起初只是一个小雪球，但随着时间的推移，雪球会越滚越大，最终变成一座小山。这种习惯不仅能让你在专业技能上日益精进，更能在无形中拓宽你的职业道路，为未来的财富增长奠定坚实基础。

2. 硬技能的力量：开启财富之门的钥匙

在竞争激烈的就业市场中，掌握一门硬技能就如同手持一把金钥匙，能为你打开无数机会之门。它不仅能让你在职场上脱颖而出，获得更高的薪资和职位，还能让你在业余时间通过发展副业、项目合作等方式，将技能转化为实实在在的财富。正如刘涛通过自学数据分析技能，实现了职业生涯的华丽转身和财富的快速增长。

3. 习惯的力量：让优秀成为日常

习惯决定命运。将每天 30 分钟的学习内化为一种习惯，不仅能提升你的专业技能，更能培养你的自律性和毅力。这些品质在人生的任何一个阶段都是宝贵的财富。它们将伴随你走过职业生涯的每一个阶段，助你不断突破自我，实现财富和人生的双重增值。

案例故事

Rust语言改写人生代码

张华是一名程序员，虽然工作稳定但略显单调。某天，他在社交媒体上看到一位同龄人分享自己学习编程新语言——Rust的成果，这激发了他的好奇心。从那一天起，张华决定每天利用30分钟时间学习Rust。这每日短暂的学习让他逐渐掌握了新技能，他开始尝试接一些外包项目。几年下来，张华不仅成为公司里的技术骨干，还通过兼职项目赚取了可观的额外收入。

行政助理的数据逆袭

刘涛原本是一名普通的行政助理，但他对数据分析十分感兴趣。于是他利用业余时间自学了Python编程和数据分析技能。在一次公司内部项目中，刘涛凭借出色的数据分析能力脱颖而出，为公司解决了重大难题。他被提拔为公司的数据分析师，薪资和职位都实现了质的飞跃。

行动指南

习惯1：每天花30分钟学习新技能

根据自己的兴趣和职业规划，确定学习的时间与内容。

利用在线课程、书籍、论坛等资源，找到适合自己的学习方式。

将理论学习与实践相结合，通过实践来巩固所学知识。

习惯2：掌握硬技能提升收入

结合自身兴趣、职业发展方向及市场需求，确定要学习的硬技能。

制订详细的学习计划，通过线上课程、线下培训、阅读专业书籍等方式学习硬技能。

积极寻找实践机会，将所学技能应用到实际项目中。

变富小结

每天浇灌 30 分钟，让技能长成摇钱树

张华敲下的每一行 Rust 代码，刘涛分析的每一组数据，李明通勤时、睡前听的每一节课程，都在验证同一个真理：所有巨额收入都是微小努力 × 时间 × 复利的结果。

不必焦虑自己起步晚、天赋差。就像种树最好的时间是十年前，其次是现在——当你开始每天用 30 分钟培育技能幼苗，五年后的自己会站在树荫下笑着感谢今天的决定。

财富总结

本章聚焦多元收入拓展，为我们提供了多种开启财富增长新通道的方法。通过职场进阶提升自身价值，获取更高薪资；制订副业创富计划，利用业余时间创造额外收入；经营人脉，挖掘潜在的赚钱机会；运用零散赚钱小妙招儿，让生活中的碎片化时间和资源转化为财富；家庭协作致富，凝聚家庭力量，避免内部消耗；每天投入少量时间坚持学习与实践，长期积累实现可观财富增长。这些途径相互补充，无论是提升主业收入，还是开拓副业、挖掘人脉资源，都能为财富增长“添砖加瓦”。只要我们积极行动，不断尝试和坚持，就能逐步拓宽收入渠道，实现财富快速积累 。

第四章
低风险投资指南
——100 元开启复利人生

投资是实现财富增长的重要途径，但很多人因害怕风险而望而却步。其实低风险投资也能开启复利人生。指数基金与教育基金的双轮驱动，为家庭财富和子女教育提供保障；合理配置资产，构建股债黄金三角，实现稳健投资布局。拿起计算器，开启复利觉醒之旅，清晰预见财富未来。牢记闲钱投资和亏损预演，把控投资风险；学会解读政策，避开投资雷区。这一章将带你走进低风险投资的世界，用 100 元开启复利人生，让财富在稳健中持续增长，向实现财富自由的目标稳步前行。

指数基金与教育基金的双轮驱动

引言：当“月光”妈妈遇见复利魔法

凌晨2点，林悦盯着手机里的账单发愁——刚刚还完房贷和信用卡，工资卡的账户余额就只剩三位数。3岁女儿朵朵的早教班费用、即将到来的幼儿园学费，像两座大山压得她喘不过气。直到某天她在理财社群看到一句话：“种一棵树最好的时间是十年前，其次是现在。”她咬着牙做出改变：每个月雷打不动地定投500元指数基金，同时为女儿开设教育专户，哪怕每个月只能存300元。

三年后，指数基金的复利收益帮她提前还清部分房贷，而教育账户的积累让朵朵顺利进入心仪的双语幼儿园。林悦的经历印证：财富的转机往往始于对抗“来不及”的勇气。用指数基金熨平当下的焦虑，用教育基金托举未来的期待，正是普通人破局的关键。

变富思考

1. 定投指数基金：让时间成为你的操盘手

定投指数基金的核心逻辑是用纪律打败人性。每月用固定金额买入，既能避免追涨杀跌的陷阱，又能摊平长期成本。当市场下跌时，你买到的份额更多；当市场上涨时，积累的份额自动增值——这才是普通人能驾驭的“复利魔法”。

2. 教育基金：用确定性对抗未来的焦虑

教育基金的本质是提前锁定购买力。每个月的固定储蓄看似保守，却能抵御学费通胀（年均 5%~8%）。更关键的是，当孩子 18 岁时，这笔钱会像准时到站的列车，稳稳地接住孩子升学、留学等重大支出，避免“钱到用时方恨少”的窘境。

案例故事

张烨的定投马拉松

张烨大学毕业步入社会后，便展现出远超同龄人的理财规划意识。他经过多方了解，决定每月定投 1000 元到指数基金。在基金投资的前几年，市场如同坐过山车般起伏不定，账户的盈亏变化让张烨心里犯起了嘀咕，甚至偶尔会产生动摇的心理。

但张烨知道投资是场持久战，不能被短期波动干扰。于是他咬咬牙，选择继续坚持定投。时光不负有心人，五年后，市场逐渐回暖，张烨账户里的资金也水涨船高，实现了显著增长。这笔钱如同一场及时雨，为张烨后续的购房计划提供了强有力的资金支持。如今再回看这段经历，张烨非常庆幸自己当初的坚持，也真切体会到了长期定投的魅力。

孙昊夫妇的“教育基金护航计划”

孙昊和葛珊这对儿年轻夫妻一早就意识到教育对孩子的深远影响。儿子出生后，两个人便将为孩子筹备教育资金提上日程。为制订合理的存钱计划，他们仔细梳理家庭收入，结合未来对孩子教育的期望，敲定了每月存入2000元的方案。

此后不管家庭生活遇到什么难题，他们都会雷打不动地往教育基金账户里存钱。随着孩子一天天长大，上幼儿园要交学费，参加课外辅导班也需要不少费用，各项教育开支逐渐增多。好在因为教育基金的持续积累，这些费用都在他们的承受范围内。

看着账户里的数字随着时间不断增加，孙昊不禁感慨：“多亏当初早早做了打算，现在账户里的钱越来越多，孩子未来的教育有了保障，我们心里特别踏实 。”

行动指南

习惯 1：每月定投指数基金，坚持 3 年以上

了解沪深300、中证500等指数基金的特点与历史表现。

在正规平台开设账户。

设定每月定投金额，确保不影响日常生活。

习惯 2：为子女设立教育基金，每月存入固定金额

根据家庭收入和教育规划，确定月存金额（建议存入月收入的10%~20%）。

选择银行定期存款、教育储蓄或基金定投等产品。

开设独立账户按时存入，确保资金专款专用。

变富小结

今天的播种，是明天的荫凉

指数基金的定投是用纪律对抗人性的贪婪与恐惧，教育基金的储备是用规划抵御未来的不确定。当你能将每月的小额投入转化为十年后的底气，当孩子的教育之路因提前布局而畅通无阻，你会发现：财富自由的真谛不是一夜暴富的奇迹，而是日复一日的坚持与清醒的远见。从今天起，让指数基金和教育基金的双轮载着你驶向更从容的人生。

资产配置魔方：股债黄金三角的稳健布局

引言：当“热门概念”撞上冷思考

刘薇的同事微信群每天被元宇宙、区块链的暴富神话刷屏，她却默默翻开财报和行业白皮书。三年前，她曾亲眼看见朋友因盲目跟风炒币最终导致血本无归，从此明白：财富的陷阱往往裹着“风口”的糖衣。如今她将资金按比例投入股票、债券和黄金，像搭积木般构建起自己的投资组合。股市震荡时，有债券的稳定收益托底；通胀飙升时，有黄金的避险属性保值；而长期持有的优质股票，则悄然为她积累了第一桶金。当同事还在为股票暴涨暴跌失眠时，刘薇的账户已如雨后春笋般稳健生长。

思考

1. 股债黄金三角：分散风险的“财富护甲”

股票是冲锋的矛，债券是坚守的盾，黄金则是危机时的逃生舱。三者按比例配置（如 4∶4∶2），既能用股票捕捉增长红利，又能用债券对冲波动，黄金则能在“黑天鹅”事件中保值。这种组合如同给财富穿上防弹衣——市场涨时跟得上，市场跌时摔不疼。

2. 长期主义：与时间私奔的“复利魔法”

频繁交易就像不断给手机充电然后又拔掉——电量永远充不满。周强持有优质股票十年不动的案例证明：真正的财富增长藏在企业年复一年的利润报表中，而非 K 线的上蹿下跳中。长期持有能让复利像滚雪球般越滚越大。

3. 冷眼观潮：在狂热中守住理性

刘薇面对元宇宙炒作时的冷静，揭示了投资的终极智慧——热闹处要有冷眼。当市场被情绪裹挟时，独立思考比盲目跟风更重要。就像冲浪者只追可持续的浪头，聪明的投资者只抓看得懂的机会。

案例故事

小付的“三角防御阵”

小付在理财顾问的建议下，将她的投资资金按照 40% 股票、40% 债券、20% 黄金的比例进行配置。在股市繁荣时，股票资产大幅增值，带动整体资产价值上升；当股市遭遇暴跌时，债券的稳定收益和黄金的保值特性使投资组合避免了严重损失。通过长期坚持分散投资策略，小付的资产在不同市场环境下都保持了良好的增长态势，实现了财富的稳健积累。

“十年不动如山”

周强通过深入研究，选中了几家具有强大品牌效应和稳定现金流的上市公司股票。尽管市场时有波动，但他始终坚信这些公司的长期价值，坚持持有不动摇。随着企业不断发展壮大，市场份额逐步扩大，业绩持续增长，股价也一路飙升。多年后，当初的投资获得了数十倍的收益，让他实现了财富的跨越式增长。

行动指南

习惯1：分散投资，股票、债券、黄金各占一定比例

步骤1：学习股票、债券、黄金的基础知识，了解它们在不同经济周期中的表现特点。

步骤2：根据自身的风险承受能力和投资目标，确定股票、债券、黄金的投资比例（如风险偏好较高者可提高股票占比）。

步骤3：定期评估投资组合，根据市场变化和资产表现，适时优化各资产的比例。

习惯2：长期持有优质资产，不频繁交易

步骤1：深入研究市场，挖掘具有长期增长潜力的优质资产。

步骤2：制订投资计划，明确持有期限，避免被短期波动干扰。

步骤3：定期评估投资组合，仅在基本面恶化时做出调整，减少交易频率。

习惯3：不盲目跟风“热门概念”，独立思考

步骤1：面对热门概念时，强制设置一周的冷静期，不做任何决策。

步骤2：利用冷静期深入研究行业报告、企业财报，评估真实价值。

步骤3：建立投资决策标准（如市盈率、现金流等），拒绝情绪化跟风。

变富小结

财富的终极安全屋是用理性搭建的

股债黄金三角让风险无处遁形，长期持有优质资产让时间成为盟友，独立思考则是在喧嚣市场中守住本心。当你能像搭乐高一样构建投资组合，像守护幼苗般培育长期持仓，像侦探般穿透热门概念的迷雾，财富自由便不再是遥不可及的传说，而是水到渠成的必然。记住：真正的赢家从不追逐风口，他们只建造属于自己的避风港。

复利觉醒之旅：用计算器算出财富未来

引言：当“复利计算器”成为财富预言家

夜深人静，张明坐在书桌前，凝视着电脑屏幕上的投资账户。虽然数字的增长速度缓慢，却一直在坚定地向上增长。他想起年初时，自己还只是模糊地听说“复利效应”这个词，如今通过实际计算和观察，他开始深刻理解“复利”背后的魔力。每个月他都会用复利计算器输入当前的投资金额、预期年化收益率和投资期限，看着未来价值一点点攀升，他的心中充满了期待和信心。

这是许多投资者从懵懂到精明的转变过程。复利这个看似简单的数学概念，却隐藏着让财富实现几何级增长的秘密。而学会利用计算器进行直观对

比则是掌握这一秘密的关键。

变富思考

1. 复利效应：时间的魔法与财富的倍增

复利的本质是“利滚利”，即使微小的本金也能在时间的催化下爆发出惊人能量。爱因斯坦称其为“世界第八大奇迹”，因为它让财富增长从线性跃升为指数级。用计算器模拟未来收益，本质是用数字对抗人性的短视——当看到“每月定投 2000 元，30 年后也能有一百多万”时，你自然会放下“一夜暴富”的焦虑。

2. 长期主义：与时间私奔的清醒选择

巴菲特用一生验证了长期主义的价值：持有可口可乐公司股票 34 年，收益超 1500%。短期波动如同海浪，长期趋势才是潮汐。接受“慢慢变富”是用理性对抗市场噪声，让优质资产在岁月中自然发酵。

3. 五年计划：把未来装进“进度条”

模糊的目标催生焦虑，清晰的计划滋生底气。将“300 万元存款”“还清房贷”拆解为每月任务，如同游戏通关——每完成一个小目标，焦虑便转化为成就感。

案例故事

雯雯的“复利震撼实验”

雯雯对投资一知半解，只知道每月存点儿钱。直到一次偶然的机会，她了解到复利效应，并用计算器算了一笔账：每月定投基金1500元，若年化收益率为6%，那么35年后，这笔投资的收益将达到约350万元；若年化收益率能提升到9%，那么35年后，这笔投资的收益将飙升至近800万元。这巨大的差异让她大为震惊，于是她开始每月定投一笔小钱到股票基金中，并利用复利计算器跟踪自己的投资进度。随着时间的推移，她惊讶地发现即使每次定投的金额不多，账户的总价值却在不知不觉中翻了几倍。

李健的“十年慢跑逆袭”

李健曾是股市中的“短线客”，他频繁交易，追逐热门概念股，幻想在短期内能实现财富自由。然而市场的波动让他的账户资金不断缩水。在经历了多次失败后，他开始反思，转变投资理念，接受“慢慢变富”的长期主义。他花费大量时间学习价值投资知识，研究企业基本面，选择优质股票进行长期投资。同时他不断提升自己在工作中的能力，增加收入。经过多年的坚持，他的投资组合实现了稳健增长，远超同期市场平均水平。他感慨地说：“真正的投资，不是追逐热点，而是与时间做朋友。”

行动指南

习惯1：学会计算“复利效应”，用计算器直观对比

步骤1：下载专业的复利计算器App，或使用Excel中的复利计算函数（FV函数），熟悉其操作方法。

步骤2：梳理自己目前的投资金额、预期年化收益率和投资期限，用计算器计算出未来收益，直观感受复利的力量。

步骤3：对比不同投资方案下的复利结果，如不同理财产品、基金组合等，为调整投资策略提供数据。

习惯 2：接受“慢慢变富”的长期主义，拒绝一夜暴富的幻想

步骤 1：明确投资目标，制订长期投资计划。

步骤 2：深入研究，选择具有长期增长潜力的投资标的。

步骤 3：保持耐心，避免频繁交易，坚持长期持有。

步骤 4：定期评估，调整投资组合，确保与长期目标保持一致。

习惯 3：每年制订“五年财务计划”，并拆分到月

步骤 1：评估当前财务状况，包括资产、负债、收入、支出等。

步骤 2：设定明确的五年财务目标，如储蓄金额、投资回报率等。

步骤 3：将五年财务目标拆分成每月目标，制订详细的月度收支计划。

步骤 4：定期回顾和调整计划，确保其符合实际情况。

变富小结

时间是最公平的财富合伙人

复利计算器让你看清未来的轮廓，长期主义教会你与时间握手言和，五年计划则将遥不可及的目标变为触手可及的阶梯。当雯雯的账户因复利悄然膨胀，当李健用十年坚守换来丰厚回报，他们都在验证同一个真理：财富自由的捷径从来都不在疾风骤雨中，而是在细水长流的坚持中。从今天起，让计算器上的数字成为你的信仰，让每个月的“小格子”铺成通往自由的康庄大道。

风险把控：闲钱投资与亏损预演

引言：当“All in”变成“All gone”

王文毕业后与同学一起创业，在事业取得初步成功后，他的手里有了一笔资金。看到身边的朋友投资股票赚了钱，他心动不已，于是将公司运营资金和家庭储备金全部投入股市。起初股票一路上涨，他满心欢喜。但市场风云突变，股票大幅下跌，不仅让他的投资血本无归，公司也因资金断裂链陷入困境，家庭生活也变得一团糟。

这是许多投资者用血泪验证的教训：投资不是赌局，而是需要策略的战役。用闲钱投资、预演亏损、善用低风险工具，本质是给财富穿上防弹衣——既能冲锋陷阵，又能全身而退。

变富思考

1. 闲钱投资：给生活上保险

闲钱是扣除生活开支、应急储备后的“余粮”。用这部分钱进行投资，如同战场保留预备队——即使亏损也不会动摇根基。确保投资资金与生存资金严格隔离，避免因市场波动引发生活危机。

2. 低风险工具：财富的避风港

国债逆回购和货币基金是投资世界的“安全屋”。前者以国债为抵押，当季度末、年末资金紧张时收益飙升；后者流动性强，收益高于活期存款。这类工具既能保值，又能为高收益投资提供弹药补给站。

3. 亏损预演：给投资系安全带

投资前问自己：“我能承受亏损多少？”本质是用理性对冲贪婪。设定亏损上限如同给汽车装上 ABS 系统——市场暴跌时能帮你稳住方向，避免因情绪化操作而坠入深渊。

案例故事

陈悦的“低风险双刀流”

陈悦对于投资一直有自己独到的见解，她习惯将一部分资金长期投入股票市场追求高收益，然后预留一部分资金用于学习和投资低风险工具。她深知国债逆回购的操作规则和收益规律，会在季度末、年末等资金紧张时段，适时参与国债逆回购，获得高于平时的收益。同时她会把日常备用资金存入货币基金，既保证了资金随时可用，又能获取一定收益。

首付如何变学费

李泉看到最近股市行情大好，很多朋友在股市中获利，便按捺不住内心的冲动，将自己的大部分积蓄投入股市，其中包括用于购房首付的资金。然而市场风云突变，股市大幅下跌，他的投资出现了严重亏损。原本的购房计划泡汤，生活也因此陷入混乱。李泉不禁反思，若投资前能冷静思考自己真正能承受的亏损，合理安排投资资金，就不会陷入这般境地。

行动指南

习惯1：只用闲钱投资，避免影响生活质量

步骤1：全面梳理个人财务状况，明确每月或每年可用于投资的闲钱数额。

步骤2：设立专门的投资账户，将闲钱定期转入该账户，不挪用生活必需资金。

步骤3：若投资行为开始影响生活质量，及时调整投资金额或投资策略。

习惯 2：学习国债逆回购、货币基金等低风险工具

步骤 1：了解国债逆回购、货币基金等低风险工具的基本原理和投资方式。

步骤 2：开通证券账户，熟悉国债逆回购的交易界面和操作流程，先从小额资金开始尝试，慢慢积累经验。

步骤 3：选择正规的基金销售平台，将闲置资金逐步转入该平台，持续关注收益变化，适时调整投资金额。

习惯 3：投资前问自己："我能承受亏损多少？"

步骤 1：梳理个人财务状况，计算出扣除必要生活支出、应急资金储备后，可用于投资的资金总额。

步骤 2：评估自己对投资亏损的心理承受程度。

步骤 3：在每次投资前，设定本次投资的最大亏损限额。当投资亏损达到该限额时，果断采取止损措施，避免进一步损失。

变富小结

真正的财富自由始于对风险的敬畏

闲钱投资让你"输得起"，低风险工具让你"睡得着"，亏损预演让你"跌不垮"。当你能用安全边际守护生活底线，用冷静决策替代赌博心态时，投资便不再是心惊肉跳的冒险，而是细水长流的修行。记住：在财富长跑中，只有活下来的人才有资格谈论输赢。

政策解码器：避开 80% 投资雷区

引言：当“政策盲区”吞噬你的本金

在新能源补贴退坡政策公布前一周，老李重仓押注某锂电池概念股，只因听说“行业前景无限”。结果待政策落地后，相关股票单月暴跌 40%，他的半年积蓄化为乌有。而社群中的老张早在三个月前就从政策研讨会上嗅到风向，提前减持转投储能板块，成功避开雷区。

这是投资市场最残酷的真相：80% 的亏损源于对政策的无知。每月花 1 小时解读政策动向，加入长线投资社群交流经验，就像给财富装上“避雷针”——在风暴来临前，你已经站在安全地带。

变富思考

1. 政策雷达：每月 1 小时洞见先机

政策是市场的隐形指挥棒。新能源补贴调整、房地产限购松绑、数字货币监管……这些政策变动往往会提前数月释放信号。每月抽 1 小时研究国务院公报、行业白皮书，就能捕捉到未来 3~6 个月的“风向标”。比如在“碳中和”政策发布前，环保板块的研读率飙升 300%，提前布局者吃满红利。

2. 社群智慧：借力长线投资者的火眼金睛

长线投资社群是信息炼金场。这里聚集着穿越多轮“牛熊”的老手，他们能用十年经验帮你过滤噪声。当新手追逐“元宇宙”“AI 芯片”热点时，老玩家已在讨论“半导体产能过剩风险”。这种经验共享，能让你少踩 80% 的共识性陷阱。

案例故事

“政策猎人”的百万掘金术

某外企职员小王会在每月的最后一个周日雷打不动地做政策复盘。2022 年，她逐字研读《“十四五”现代能源体系规划》，发现“特高压输电”被提及 27 次，而市场关注度仅为同板块的 1/3。她果断将年终奖和积蓄投入特高压龙头股，并持续跟踪国家电网招标数据。一年后，该股因政策扶持订单暴增，股价翻倍，小王的账户收益突破百万元。“政策文件里藏着密码。”她指着标注密密麻麻的PDF说，“比如‘有序推进’是温和信号，‘全力攻坚’才是冲锋号。”

社群的“政策警报”拯救30万元本金

刘老师夫妇原计划跟风投资某在线教育股，他们偶然在投资社群看到一位十年老会员的深夜长文：“在公开会议中，‘从严审批’被提及12次，某司长发言时全程皱眉——这是行业地震的前兆。”他们连夜查阅政策文件，发现校外培训机构的“白名单”从128家骤减至32家，他们次日紧急清仓。两周后，“双减”政策落地，教育股集体腰斩，而他们撤出的30万元本金已转投政策扶持的职业教育赛道。“社群中的一篇文章拯救了我们半辈子的积蓄。”刘老师夫妇至今仍心有余悸。

行动指南

习惯1：每月花1小时研究政策变化

步骤1：关注国务院、发改委等官方发布渠道，关注“十四五”规划等相关行业文件。

步骤2：每月末用1小时精读政策关键词（如“鼓励”“限制”“试点”），对比历史表述变化。

步骤3：将政策解读与持仓板块关联，制订“政策利好／利空应对表”。

习惯2：加入长线投资社群，交流经验

步骤1：筛选成立5年以上、有实名认证机制的投资社群，避免加入广告灌水群。

步骤2：每周参与至少1次专题讨论，记录10条高赞观点并交叉验证。

步骤3：每季度整理社群预警案例（如政策风险、财报陷阱），更新投资黑名单。

政策是盾牌，社群是铠甲

当你能从“有序推进”读出产业节奏，当社群中的每一句忠告变成你的风险清单，投资便不再是赌运气，而是用认知收割红利的游戏。老李的教训和小王的逆袭都在诉说：在财富战场上，读懂政策的人掌握天气，融入社群的人自带地图。记住：避开80%的雷区，剩下的20%自会为你铺就黄金路。

财富总结

在这一章，我们学习了用 100 元开启复利人生的方法。指数基金与教育金的双轮驱动，兼顾财富增长与子女教育储备；资产配置构建股债黄金三角，平衡风险与收益，实现稳健投资；通过复利计算，我们能直观感受到时间和复利的强大力量；坚持闲钱投资，提前做好亏损预演，有效控制投资风险；解读政策，让我们紧跟市场趋势，避开大部分投资雷区。这些投资习惯和方法能让我们在风险可控的前提下，通过合理的资产配置和长期投资，实现财富的稳健增长。持续运用这些低风险投资策略，不断积累投资经验，就能让财富在复利的作用下不断增值，从而助力我们实现财富目标。

第五章
富人思维养成——塑造财富底层逻辑

富人之所以富有，不仅是因为拥有财富，更在于他们独特的思维方式。学习充电不停歇，能让我们不断提升认知，把握更多机会；利用时间碎片，积少成多，提升自我价值。提升抗风险能力是在变幻莫测的市场中屹立不倒的关键。写感恩日记、建立反攀比护盾，粉碎焦虑，保持平和心态，专注财富积累。构筑决策防火墙，今日事今日毕，运用心理学知识防坑；培养专注目标与延迟满足的力量，让我们在追求财富的道路上稳步前行。让我们一起探寻富人思维养成之道，塑造财富底层逻辑，为财富积累提供源源不断的动力。

学习充电不能停

引言：当“知识饥荒”拖垮财富脚步

小李是一名普通的上班族，一直有投资股票的想法，但总是把握不好时机。后来他养成了每天听 15 分钟财经新闻的习惯，通过新闻报道，他提前知晓了国家对新能源产业的大力扶持政策。敏锐的他意识到这是一次投资机会，并果断入手了几只新能源相关股票。随着政策推动产业发展，股票价格一路攀升，小李收获了可观的收益，也更坚定了每天听 15 分钟财经新闻的习惯。

这是认知变现的经典案例：财富差距的本质是信息差。每天利用15分钟收听财经资讯，每月参加1次行业课程升级技能，每年阅读10本财商书搭建认知框架——这些看似微小的学习习惯正是普通人突破信息茧房的利器。

变富思考

1. 财商书籍：搭建财富认知的骨架

经典财商书籍浓缩了跨越周期的智慧，从《穷爸爸富爸爸》的资产思维，到《小狗钱钱》的实操方法论，系统阅读能构建完整的财富观。这种学习不是碎片化信息的堆砌，而是为大脑安装“财富操作系统”。

2. 财经新闻：捕捉经济浪潮的脉搏

每天15分钟收听权威财经资讯，如同给投资装上雷达。政策风向、行业动态、市场情绪……这些实时信息能帮你预判资金流向，在“新能源补贴退坡”“数字货币试点”等关键节点为你提前布局或避险。

3. 行业课程：打通财富增长的任督二脉

免费行业讲座和线上课程是认知跃迁的捷径。它们往往聚焦前沿趋势（如直播电商、元宇宙营销），提供可落地的策略。掌握这些技能既能提升职场竞争力，又能孵化副业机会。

案例故事

财商书单改写人生剧本

原本对理财一窍不通的小宇听从朋友建议，开始每年阅读10本财商书。

从《穷爸爸富爸爸》中，他认识到资产与负债的区别；通过研读《小狗钱钱》，他掌握了基础理财方法。在持续阅读与实践中，他学会合理分配收入，投资基金和股票，几年下来，他的资产实现稳健增长，生活质量也大幅提升。如今他建立了自己的读书社群，带领300多人通过阅读改变财富命运。

案例2 电商的“课程逆袭”

在电商行业工作的小吴，每月都会积极参加各类免费电商行业讲座和线上课程。在一次关于直播电商的线上课程中，他学习到了全新的直播带货技巧和营销策略。回到工作岗位后，他将所学应用到公司的直播项目中，取得了显著成效，销售额大幅增长。凭借突出表现，他获得了晋升，薪资也随之提升。同时他利用业余时间，运用所学知识开展了自己的小直播副业，增加了额外收入。

行动指南

习惯1：每年读10本财商书

步骤1：制订阅读计划，每月挑选一本财商书，涵盖经典著作与当下热门读物。

步骤2：阅读时做好笔记，记录关键知识点、启发点，并结合自身情况思考应用方法。

步骤3：每读完一本书，与朋友或读书社群交流分享，深化理解，将知识转化为实际行动。

习惯2：每天听15分钟财经新闻或播客

步骤1：选择权威的财经新闻平台或热门财经播客，并订阅关注。

步骤 2：利用碎片化时间，如早晨洗漱、晚上散步时收听，边收听边思考新闻内容对自身财务规划的影响。

步骤 3：定期回顾听过的重要财经信息，总结规律，与实际投资或理财行为相结合。

习惯 3：每月参加一次免费行业讲座或线上课程

步骤 1：关注行业知名网站、社交媒体账号或专业学习平台，及时获取免费讲座和线上课程信息。

步骤 2：提前了解课程内容，做好笔记规划，带着问题参与，积极与讲师和其他学员互动交流。

步骤 3：课程结束后，总结所学知识，制订应用计划，将新知识融入日常工作和财富规划中。

变富小结

学习的复利远超你的想象

财商书能为你搭建认知金字塔，财经新闻能助你捕捉时代红利，行业课程会教你解锁赚钱新姿势。当小宇用书单改写人生剧本，当小吴凭课程实现职场逆袭，他们都在验证：财富自由的密钥藏在持续学习的习惯中。记住：今天读的每一页书、听的每一条资讯、学的每一项技能，都在为未来的财富账户充值。

利用时间的碎片

引言：当“通勤刷剧”变成“财富密码”

30 岁的苏晴是上海某互联网公司的运营主管，她每天往返通勤 2 小时。过去，她总是在拥挤的地铁上刷综艺、追热剧，直到某天刷到同事的朋友圈：“通勤 3 年读完 200 本财商书，副业收入超主业。”她猛然惊醒：“原来地铁上的每一分钟都是未来的现金流。”

每天早晚高峰的地铁上，无数人低头刷着短视频，却不知这段碎片时间足以改写财富轨迹。有人将通勤时间用于学习理财课程，三年后实现资产翻

倍；有人坚持早起 1 小时规划投资，最终实现被动收入覆盖房贷。这些故事揭示：时间的边角料才是普通人逆袭的原材料。

变富思考

1. 通勤时间：移动的财富课堂

通勤时段是天然的“被动学习窗口”。理财课程、财经播客、商业传记……这些内容能系统填补财商短板。每天利用 1 小时的通勤时间来学习，相当于每年多出 250 个小时进行知识充电——足以读完 30 本财商书，或掌握一门投资技能。

2. 早起 1 小时：清醒的财富指挥官

清晨的大脑尚未被琐事污染，是决策的黄金期。用这 1 小时复盘投资组合、制订当日交易策略，或学习行业趋势，能显著提升决策质量。更重要的是这种自律会蔓延至全天，形成高效能的正向循环。

案例故事

通勤族的“地铁经济学”

小桓每天上下班的通勤时间将近 1 小时，以往他总是靠刷短视频打发时间，时间白白流逝，却没有任何收获。一次偶然的机会，小桓意识到这段碎片时间完全可以用来提升自己。思索一番后，他决定利用通勤时间提升财商，便开始在手机上听理财课程、阅读理财电子书。

一开始，各种专业术语和复杂理论让小桓摸不着头脑，但他没有放弃，坚持利用每天的通勤时间学习。半年多过去，小桓逐渐掌握了资产配置的方法，他将原本闲置的资金合理分配到银行定期存款、基金和低风险股票中。随着市场平稳向好，加上理财知识的正确运用，小桓的资产慢慢实现了增值，每月收获的理财收益成了一笔可观的额外收入 。

“黄金 60 分钟”

小黄一直有一个梦想——在工作之余学习英语，借此拓宽职业发展道路。然而忙碌了一天后，下班回到家的他总是疲惫不堪，计划中的英语学习常常被抛诸脑后。

一次，小黄在网上看到早起学习的经验分享，深受启发，决定尝试每天早起 1 小时。起初，清晨的困意让他很不适应，但他咬着牙坚持了下来。在早起的这 1 小时里，他专心背单词、练听力、做口语练习。

半年后，小黄的英语水平显著提升，口语越发流利。恰在此时，公司启动一个涉外项目，急需英语能力出色的员工。小黄凭借一口流利的英语，成功参与此次项目，并凭借出色的表现圆满完成任务。领导对他赞不绝口，不仅给他发放了丰厚的项目奖金，在后续的晋升竞争中，小黄也因这一次亮眼的表现脱颖而出 。

行动指南

习惯 1：用通勤时间听理财课程或电子书

步骤 1：下载专业、正规的理财学习 App，挑选适合自己理财水平的课程和电子书资源。

步骤 2：准备好耳机，在通勤路上专注听课，遇到重要知识点可随时暂停，记录或做好标记，方便后续复习。

步骤 3：定期回顾学习内容，将理论知识应用到实际理财操作中，根据效果调整学习和理财计划。

习惯 2：培养早起 1 小时的习惯，用于学习或规划

步骤 1：循序渐进地调整作息，每天提前 15 分钟上床睡觉和起床，逐步实现早起 1 小时的目标。

步骤 2：在前一天晚上准备好第二天早起学习或规划所需的资料和工具。

步骤 3：设定早起奖励机制，如完成一周早起目标，周末就奖励自己喜欢的物品或活动。

变富小结

时间不会增值，但时间里的你可以

通勤时段学习的每一分钟都在为认知账户充值，清晨的每一次早起规划都在给财富未来画线。当你能把零碎时间锻造成知识链，把清晨寂静转化为决策利器时，量变的积累终将引爆质变的奇迹。记住：所有看似突如其来的财富自由都是时间碎片拼成的完整蓝图。

提升抗风险能力的秘诀

引言：当“失败”成为人生加速器

刘洋盯着电脑屏幕上被驳回的项目方案，手指无意识地敲击桌面。这是他耗时三个月的心血，却因“市场调研不足”被全盘否决。深夜的办公室里只剩他一人，挫败感如潮水般涌来。但他没有放任自己沉溺于情绪之中，而是打开复盘文档，逐条分析评审意见，同时报名参加行业交流会，主动结识积极进取的同行人。三个月后，他带着优化方案再次竞标，最终一举拿下项目。这段经历让他明白：抗风险能力不是天生铠甲，而是后天锻造的生存技能。

思考

1. 定期复盘：校准人生指南针

复盘是给成长按下暂停键，从上帝视角审视行动轨迹。在每月末梳理工作、学习、生活的得失，如同给手机清理缓存——释放冗余情绪，聚焦核心问题。它能精准定位“能力断层”，将盲目努力变为定向突破。

2. 成长型思维：失败的炼金术

固定型思维者把失败当作墓碑，成长型思维者视其为路标。前者困在“我不行”的牢笼中，后者在“我可以学”中破局。这种思维转换让每一次挫败都成为认知升级的燃料。

3. 圈子效应：环境重塑认知

人是社交环境的产物。负能量圈子像慢性毒药，侵蚀斗志；积极群体如同认知健身房，每天锻炼你的决策肌肉。选择圈子，就是选择未来的自己。

案例故事

软件工程师的“技能进化论”

汪浩是一名软件工程师，他常常会对自己的学习和工作进行复盘。在一次复盘中，他发现自己虽然在编程技术上有所进步，但在团队协作和项目管理方面还存在明显短板。于是他开始有针对性地学习团队协作和项目管理知识，并积极参与团队活动，提升自己的软技能。不久后，汪浩在团队中的影响力大幅提升，成为项目经理的有力竞争者。

职场人的“朋友圈重置计划”

小晚以前所在的团队氛围消极，同事们整天抱怨工作任务重、薪资低，对公司发展前景感到悲观。在这种环境下，小晚也逐渐变得消极怠工。后来，公司进行部门调整，她加入了一个新团队，团队里的成员们积极向上、干劲儿十足，经常分享工作中的新思路和成功案例，鼓励彼此挑战自我。在这个积极的圈子里，她受到了很大的感染，不仅变得开朗了，还重新燃起了工作热情，她努力提升自己的能力，参与多个重要项目并取得了出色成绩。

行动指南

习惯 1：定期复盘个人成长，调整学习方向

步骤 1：设定复盘周期，如在每月末或每季度末专门留出时间进行个人成长复盘。

步骤 2：从工作、学习、生活等多个维度，梳理取得的成果、遇到的问题及解决方法。

步骤 3：根据复盘结果，制订下一个阶段的学习计划与行动方案，明确调整方向并严格执行。

习惯 2：用“成长型思维”看待失败

步骤 1：正视失败，将失败视为成长的机会，而非个人价值的否定。

步骤 2：反思与学习，深入分析失败的原因，总结经验教训。

步骤3：心态积极，用乐观的态度面对挑战，相信通过努力可以改变结果。

步骤 4：寻求支持，与拥有成长型思维的人交流，从他们的经验中获得启发与鼓励。

习惯 3：远离负能量人群，靠近积极向上的圈子

步骤 1：审视自己的社交圈子，识别那些经常传递负能量的人，有意识地减少与他们的接触。

步骤 2：主动参加行业研讨会、学习小组、兴趣社团等活动，结识积极向上、有共同目标的人，融入积极的圈子。

步骤 3：在积极的圈子中，积极参与交流与合作，分享自己的想法和经验，同时学习他人的长处，实现共同成长。

变富小结

抗风险的本质是让软肋变成铠甲

定期复盘的人掌握着自我迭代的密钥，用成长型思维破局的人拥有失败也打不垮的韧性，选择积极圈子的人始终被向上的力量托举着。当你能在挫败中总结经验，在反思中校准方向，在人群中筛选能量，那些曾让你跌倒的坑洞终将成为托举你登高的阶梯。记住：真正的强者不是没有软肋，而是懂得把软肋锻造成护心镜。

焦虑粉碎机：感恩日记 + 反攀比护盾

引言：当“朋友圈人设”压垮真实人生

25 岁的林夏是一名自由插画师，同行晒出的“月入 10 万元”接单记录、海外采风美照让她陷入深深的自我怀疑中。为营造“成功画手”人设，她咬牙分期购入万元数位屏、租借高端工作室摆拍，却因过度消费欠下 8 万元债务。某个深夜，她盯着满墙未完成的画稿，突然在旧速写本的角落看到一行字：“感谢三年前花 30 元买我第一张画作的客人。”那一刻她顿悟：攀比是他人剧本的枷锁，感恩才是自己人生的画笔。

思考

1. 感恩日记：重塑大脑的“财富滤镜”

物质焦虑的根源在于大脑的“稀缺性偏误”——过度关注缺失，忽视已有资源。感恩日记通过神经可塑性原理，强制激活大脑的“丰裕感知区”。每晚记录三件小事（如“客户主动续约”“阳台绿萝抽新芽”），相当于给思维安装“反焦虑补丁”。持续 21 天后，前额叶皮层会形成新的神经回路，将“羡慕他人”的冲动转化为“珍惜当下”的满足感，从而减少 43% 的非理性消费。

2. 反攀比护盾：构建信息防御工事

社交媒体的攀比陷阱本质是“选择性展示”制造的认知扭曲，破解这个问题须三管齐下。

物理隔离：取消关注制造焦虑的账号，用“学习博主”替换“炫富博主”；

认知重构：在刷到光鲜内容时自问：“这真能影响我的幸福指数吗？”；

行为替代：将刷手机时间转化为技能学习，用“能力焦虑”取代“物欲焦虑”。

这套组合拳能让人从“追逐虚幻标准”转向“专注真实成长”。

故事

案例 1　购物狂的“心灵断舍离”

张小薇曾是朋友圈中的“购物狂”，每当新品上市，她总是第一个入手。然而物质的堆砌并未给她带来持久的快乐，反而让她陷入了空虚与焦虑。后来她在导师的提议下，开始尝试写感恩日记。每天晚上，她都会静下心来，回顾一天中让自己感恩的事情：可能是清晨的一缕阳光、同事的一句鼓励、家人的一顿晚餐。随着时间的推移，张小薇发现自己的心态发生了很大的变化。她的内心更加平静，也更加珍惜身边的人和事。

案例2 职场新人的“攀比脱敏术”

菲菲初入职场，看到身边的同事穿着名牌、频繁出入高档场所，内心十分羡慕，也开始盲目跟风消费。她的信用卡账单越积越高，经济压力巨大，而她在工作上却因分心于物质攀比，导致业绩毫无起色。后来她意识到这种状态的危害，决定转变。她屏蔽了外界的干扰，专注于提升专业技能，利用业余时间学习行业前沿知识，参加培训课程。随着能力的提升，她在工作中表现出色，获得了项目奖金和晋升机会。收入增加后，她不再因攀比而焦虑，而是根据自身需求合理消费，生活也变得更加从容。

行动指南

习惯1：每天写“感恩日记”，减少物质焦虑

步骤1：设定固定时间，如将每晚睡前的时间作为撰写感恩日记的时刻。

步骤2：静心冥想，回顾一天中的美好瞬间，无论是大事还是小事。

步骤3：详细记录，用文字描绘每一个感恩的场景，感受其中的温暖与力量。

步骤4：定期回顾，每周或每月浏览过去的感恩日记，感受自己内心的成长与变化。

习惯2：拒绝攀比，专注个人成长节奏

步骤1：深入了解自己的兴趣、优势和劣势，明确自己的人生目标和价值观。

步骤 2：避免与他人进行不必要的比较，关注自己的进步和成就。

步骤 3：制订个人成长计划，明确短期和长期目标。

变富小结

财富自由的终极形态是内心的从容

感恩日记让你在物欲旋涡中抓住救生绳，反攀比护盾助你在社交的洪流里稳站礁石。当林夏撕掉“人设面具”专注创作，当张小薇在感恩中重拾生活掌控力，她们都在印证：真正的财富从来都不在别人的点赞中，而是在你笔尖流淌的真诚中。记住：只有屏蔽喧嚣的耳朵，才能听见财富生长的声音。

决策防火墙：今日事今日毕 + 心理学防坑

引言：当“拖延症”吞噬百万订单

29 岁的陈默是深圳某跨境电商公司的联合创始人，曾因“拖延症”险些葬送自己的事业。在 2022 年的公司大促活动前夜，他本该审核完所有的促销方案，却因刷短视频拖延到凌晨 3 点，导致系统漏洞未被发现。次日活动上线后，价格标错、库存混乱，公司单日亏损 80 万元。当晚，他在会议室瘫坐到天明，直到看见墙上的标语：“拖延是失败者的止痛药，却是赢家的砒霜。”

那一刻，他删掉所有娱乐 App，从此强制自己“今日事今日毕”，并报名心理学课程破解决策盲区。半年后，他带领团队用冥想冷静期 + 心理学复盘的方法逆势拿下东南亚市场。拖延是偷走未来的“贼”，而理性决策是铐住它的手铐。

变富思考

1. 今日事今日毕：截断拖延的财富黑洞

拖延的本质是对不确定性的逃避，它让机会成本呈指数级膨胀。每延迟1小时处理工作，可能错失客户信任；每推迟1天执行投资计划，可能损失市场波动中的套利空间。建立“任务完成红线”，如同给财富增长安装“加速器”——当天任务清零，等于为未来腾出捕捉机遇的带宽。

2. 心理学防坑：识破决策的认知陷阱

从众心理、锚定效应、损失厌恶……这些心理学陷阱如同一股暗流，裹挟着冲动消费和非理性投资。学习基础心理学相当于给大脑安装“杀毒软件”——能识别商家“限时折扣”背后的稀缺性操纵，看穿股市追涨杀跌中的群体癫狂，让每一个决策都经过理性沙盘推演。

3. 冥想冷静期：给大脑安装“降温系统”

冥想不是玄学，而是神经科学的实战工具。每天用5分钟专注于自己的呼吸，能降低杏仁核（情绪中枢）活跃度，提升前额叶皮层（理性决策区）控制力。这种“认知冷却”机制将让你在谈判桌、投资市场等高压场景中，始终保持着“第三视角”的清醒判断力。

案例故事

拖延症患者的“百万订单救赎”

在一家销售公司工作的小旭，以往总是拖延客户订单处理和跟进工作，导致业绩平平。意识到问题后，他决心改变，严格要求自己今日事今日毕。

偶然一次，他及时处理了一位重要客户的紧急订单，客户十分满意，不仅追加了订单，还介绍了其他潜在客户。小旭的业绩因此大幅提升，年底还获得了丰厚的奖金和晋升机会。

冥想者的“决策静音键”

放松一下，
效率更高！

文静是一名项目经理，她负责的项目经常需要在短时间内做出关键决策。然而面对紧张的时间线与复杂的信息，文静常常感到力不从心，决策质量也因此受到影响。后来她在领导的建议下，开始尝试每天花 5 分钟进行冥想。工作越焦灼，她冥想时的内心就越平静、越专注。渐渐地，即使在高压环境下，她也能够迅速捕捉问题的核心，做出更加明智的决策。这一改变不仅让她提升了工作效率，也让她赢得了团队成员的尊敬与信任。

行动指南

习惯 1：拒绝拖延，今日事今日毕

步骤 1：将任务分解成具体步骤，制订详细的时间表，为每个任务设定合理的完成期限。

步骤 2：采用“番茄工作法”等时间管理技巧，专注工作一段时间后适当休息，提高效率。

步骤 3：建立自我监督机制，若未能按时完成任务，分析原因并采取改进措施。

习惯 2：学习基础心理学，避免冲动决策

步骤 1：选择经典的心理学入门书籍，如《心理学与生活》《蛤蟆先生去看心理医生》等，系统学习基础心理学知识。

步骤 2：关注心理学相关的公众号、博主，利用日常碎片化时间了解日常心理学应用案例，加深理解。

步骤 3：在每一次面临重要决策前，刻意运用所学的心理学知识分析自身情绪和心理状态，进而做出理性判断。

习惯 3：每天花 5 分钟冥想，保持理性决策

步骤 1：选择一个安静、舒适的空间，每天固定一个时间段，如早晨起床后或晚上睡觉前，进行 5 分钟的冥想。

步骤 2：采用舒适的坐姿，闭上眼睛，专注于自己的呼吸。当杂念出现时，先不要刻意驱赶，而是将注意力轻轻地拉回呼吸上。

步骤 3：在冥想结束后，遇到需要决策的事情，先暂停片刻，回忆冥想时的平静状态，以理性思维去分析问题并做出决策。

变富小结

决策质量决定财富高度

今日事今日毕是堵住财富流失的堤坝，心理学防坑是照亮认知盲区的手电，冥想冷静期是按下冲动暂停键的遥控器。当你用行动力碾压拖延，用认知力破解套路，用定力驯服情绪，财富增长便不再是概率游戏，而是精心设计的系统工程。记住：所有看似幸运的财富跃迁，其实都是理性决策的必然结果。

专注目标与延迟满足的力量

引言：当“人脉泡沫”榨干你的核心竞争力

廖小军初入职场时，每周参加3场行业酒局、5场同行聚会，微信好友突破2000人。直到某一次项目竞标时，他发现自己的人脉资源无一能转化为实际支持，而竞争对手却凭借扎实的技术方案轻松胜出。“原来那些推杯换盏的热闹不过是自我感动的幻觉。”

这是无数人的现实困境：用无效社交填补焦虑，用短期快感麻痹目标。朋友圈的点赞、饭局上的称兄道弟，看似热闹，却掏空了成长的时间与心力。而那些拒绝喧嚣的人早已在沉默中打磨出不可替代的价值——财富自由的门票从不发给“社交达人”，只留给那些“核心竞争力的持有者”。

变富思考

1. 无效社交断舍离：时间就是生产资料

社交质量决定人生效率。拒绝“点赞之交”“酒肉圈子”，相当于把刷存在感的时间转化为能力储备。每节省 1 小时无效社交，就能多 1 小时打磨专业技能或研究投资策略——这些时间复利会在 3 年后带来职级跃迁或资产翻倍。

2. 延迟满足：对抗多巴胺陷阱的财富铠甲

短期诱惑（如冲动消费、跟风投资）是大脑多巴胺的即时奖赏，而延迟满足（如定期储蓄、长线投资）是内啡肽的长期回报。前者让人陷入“消费—后悔—再消费”的恶性循环，后者通过“投入—增值—再投入”实现财富滚雪球。

3. 奖励机制：给自律装上加速器

定期奖励不是放纵，而是为自律充电。完成阶段性目标后的小额消费（如一顿大餐、一次短途旅行）能激活大脑的奖赏回路，让原本枯燥乏味的财富积累过程充满正向反馈，形成“努力—成就—激励—更努力”的增强回路。

案例故事

从社交泡沫到技术大牛的逆袭

小孟刚参加工作时，隔三岔五就去参加同事组织的各种饭局。然而时间一长，他发现这些活动大多以社交娱乐为主，太过频繁地参与不仅没有任何实用性，而且占用了大量时间，导致他在专业技能提升上进展缓慢。意识到这一点后，小孟开始调整自己的社交策略，他减少了不必要的社交活动，转而利用业余时间参加在线课程、行业研讨会，不断提升自己的专业素养。同时，他积极参与公司的内部项目，通过实践锻炼自己的能力。这些努力很快得到了回报，小孟不仅在工作中表现出色，还获得了晋升的机会，成为团队中的佼佼者。

程序员的“奖励通关游戏”

小贾是一位程序员，为了提升自己的编程技能，他制订了一个为期三个月的学习计划。每当完成一个小目标，如掌握一个新的编程语言或解决一个复杂的bug，他都会奖励自己，可以是看一场电影、享用一顿美食或是购买一本心仪已久的书。这些小小的奖励让小贾对每天的学习之旅都充满了乐趣与期待。

行动指南

习惯 1：拒绝无效社交，专注提升核心竞争力

步骤 1：时间管理。合理规划时间，为自我提升留出足够的时间，减少无效社交对时间的占用。

步骤 2：提升技能。专注于与行业内的专业人士建立深度联系，提高社交质量。

习惯 2：拒绝短期诱惑

步骤 1：识别诱惑场景（如直播间抢购、朋友怂恿投资），提前制订应对策略。

步骤 2：设置 24 小时冷静期，任何非计划内的支出需在经冷静期后再做出决策。

步骤3：建立“诱惑替代清单”（如运动、阅读），在冲动时转移注意力。

习惯3：定期奖励自己

步骤1：设定明确目标，确保每个目标都是具体、可衡量的。

步骤2：规划奖励，根据目标的难度与个人喜好，提前设定好奖励内容。

步骤3：记录进展，每当达成一个小目标，记录下成就，并立即实施奖励。

步骤4：调整奖励，随着个人成长与目标的变化，适时调整奖励内容与方式，保持其吸引力与激励效果。

变富小结

专注与延迟满足：财富长跑的终极心法

砍掉无效社交的枝蔓，才能让核心竞争力的主干茁壮生长；抵制短期诱惑的糖衣，才能摘下长期主义的果实；用奖励机制为自律充电，才能在财富马拉松中永不掉队。当你能用专业价值取代社交泡沫，用理性决策对抗即时满足，那些看似枯燥的日复一日终将成为编织财富自由的金线。请记住：真正的人生赢家，从不追逐风口，他们只建造属于自己的避风港。

财富总结

本章着重探讨了富人思维的养成，以及如何塑造财富底层逻辑。持续学习充电、不断提升自我认知，让我们在职场和投资中具备更强竞争力；善于利用时间碎片，让我们实现自我成长和知识积累；提升抗风险能力，让我们确保财富在面对各种挑战时保持稳定；写感恩日记和反攀比，让我们摆脱焦虑和盲目攀比，专注自身财富规划；构筑决策防火墙，让我们避免决策失误带来的财富损失；专注目标与延迟满足，让我们为了长远的财富目标而坚持努力。这些思维习惯相互影响，从提升自身能力到保持良好心态，再到科学决策和坚持目标，全方位为财富积累奠定坚实的基础。当我们将这些富人思维融入日常生活，就能以全新的视角看待财富，为实现财富增长提供有力支撑。

第六章 财富持续增长——打造财富永动机

财富的增长不应是短暂的，而是要追求持续稳定，打造财富永动机。健康是财富的根基，为健康投资才能更好地守护财富。身负债务会成为财富增长的枷锁，只有行动起来让债务清零，轻装前行，才能让财富自由增长。做好财富的传承规划，培养公益责任感，让财富更具价值。看似不起眼的咖啡钱，经过合理规划也能变成明天的养老钱。与家人共同实现家庭梦想，凝聚财富力量。在最后一章，我们将学习如何让财富持续增长，让财富伴随一生，惠及后代，开启真正富足的人生旅程。

为健康投资，守护财富根基

引言：当“996”掏空你的健康账户

32岁的李峰是某互联网的程序员，他连续三年加班到凌晨，每日依靠外卖和咖啡续命。直到某天开会时他突然晕倒，检查后发现他患有严重的胃溃疡和脂肪肝，治疗费用高达5万元，还因住院错失晋升机会。医生警告他：“再透支身体，赚的钱都不够填医药费的坑。”李峰这才醒悟：健康是1，财富是0——没有健康的冲锋陷阵，再多的零也只是泡沫。

变富思考

1. 运动防病：最划算的财富保险

每周 3 次运动不是消费，而是对健康的定投。它能让心肺功能提升 20%，心血管疾病风险降低 35%，肌肉量增加 10%，患代谢疾病的概率下降 28%……这些数据的背后是省下的医药费和延长的职业黄金期。

2. 定期体检：风险排查的财富雷达

早期胃癌的治疗费约 3 万元，晚期则超 50 万元。定期体检如同给身体安装“风险探测器”，用千元级支出来规避万元级损失。更关键的是，良好的健康状态能让你在职场和投资中保持敏锐的判断力。

3. 养生习惯：复利最强的健康储蓄

每天早睡 1 小时能增强免疫力，每周少点 3 次外卖能降低三高风险，每年学习健康知识能避免养生骗局——这些微小习惯经年累月就能减少 90% 的亚健康状态，让人生多出 10 年的高效创富期。

案例故事

程序员的“运动逆袭”

小凌是一名程序员，长期加班和久坐导致他的身体每况愈下，经常生病，医疗开支居高不下。后来他听从朋友的建议，决定每周至少进行 3 次运动，包括跑步、游泳和力量训练。几个月后，小凌发现自己的身体状态有了显著改善，不仅体重减轻了，连感冒都很少再犯。更重要的是，他的工作效率和创造力也大幅提升，得到了公司的认可和奖励。如今小凌不仅身体健康，经济状况也变得更加稳定。

体检雷达：2 万元买回 30 年的创富时间

某医疗器械公司的王总，在 45 岁前是典型的“空中飞人”——全年 200 天都在出差，在凌晨 2 点回邮件是常态。高强度工作让他的身体长期处于亚健康状态，38 岁那年体检查出高血压后，他给自己立下铁律：“再忙也要留出体检时间。”此后每年春节前，他都雷打不动地预约全套体检，甚至调整跨国会议时间配合检查。在 2023 年的例行体检中，CT 检查显示他的右肺有 5mm 磨玻璃样结节，医生判断有癌变风险。王总立即暂停所有工作安排，在三天内完成微创手术，总花费 2 万元，术后两周便带着体检报告重回谈判桌。“体检不是消费，是给未来上的保险。”如今在他的日程表中，体检日被标注为红色最高优先级。

行动指南

习惯 1：保持每周运动 3 次，减少医疗开支

步骤 1：根据自身喜好和身体状况，选择适合自己的运动项目，如跑步、游泳、瑜伽等。

步骤 2：制订运动计划，每周固定 3 个时间段，每次运动 30 分钟以上，并将其写进日程表。

步骤 3：加入运动社群或找运动伙伴，相互监督鼓励，坚持长期运动。

习惯 2：定期体检，小病及时治，降低大额医疗风险

步骤 1：每年至少进行一次全面体检，40 岁以上人群每半年增加专项检查。

步骤 2：选择涵盖肿瘤标志物、心脑血管、消化系统的体检套餐。

步骤 3：建立健康档案，对比历年体检数据，发现异常立即就医。

习惯 3：将健康视为长期投资，坚持养生习惯

步骤 1：制订每日作息表，保证 7 小时充足睡眠，在 23 点前入睡。

步骤 2：用杂粮替代精米面，每周摄入 12 种以上食材，减少高油高糖的摄入。

步骤 3：每季度学习权威健康知识，避免伪科学养生陷阱。

变富小结

健康账户的余额决定财富账户的高度

运动是稳赚不赔的保险，体检是风险预警的雷达，养生是复利增长的储蓄。当你能用跑步代替药片，用体检代替急救，用养生代替治疗，那些省下的医疗费和延长的职业生命都会变成财富增长的加速器。请记住：真正的财富自由从拒绝用健康换钱开始。

债务清零，行动起来

引言：当“最低还款”变成财富黑洞

小夏盯着购物车里心仪已久的名牌包，咬牙用信用卡刷了8000元。“每月最低还800元，十个月就还清了！”她安慰自己。可三个月后，她发现新款手机、网红餐厅打卡让债务累计了10万元，每月最低还款利息将近千元。深夜看着自己的账单，她突然惊醒：“我拼命还的只是利息，债务却像滚雪球一样越滚越多。”

这是负债者的典型困局：先用透支未来换取即时满足，然后被高利率债务蚕食收入，用新债填旧债的窟窿。

思考

1. 高利率优先：堵住财富漏洞的沙袋

债务如同漏水的水桶，高利率债务是最大的破洞。信用卡分期年化利率普遍在 15%~24%，远超理财收益。优先偿还这些债务相当于获得“无风险年化 20% 收益”。例如，10 万元的信用卡债务若只还最低额，5 年需支付利息超 7 万元；若集中火力在 2 年内还清，可节省利息 5 万元。这种策略的本质是用止血代替输血，腾出资金流用于更有价值的投资。

2. 协商分期：压力变动力的缓冲垫

当债务远超出偿还能力时，协商分期不是认输，而是一种战略调整。将 10 万元债务从一次性偿还转为 36 期，月供从窒息级的 1 万元降至 3000 元，压力减少了 70%。关键要主动沟通：提供收入证明展现还款诚意，协商减免滞纳金或降低利率。这种“债务瘦身”能重建财务秩序，让人专注于提升核心收入能力，而非疲于应付催收电话。

故事

债务清单还债法

小林在一家广告公司工作，之前因消费毫无节制，他在 3 张信用卡上累计欠下 8 万元债务。一次被催债后，小林瞬间慌了神儿，他痛定思痛，制作了详细的债务清单：A 卡欠款 3.2 万元，年化利率 19%；B 卡欠款 2.8 万元，年化利率 15%；C 卡欠款 2 万元，处于免息分期阶段。

小林每月收入 1.2 万元，为了尽快还清债务，他勒紧裤腰带，将每月的生活开支降低至 4000 元，剩下的 8000 元优先偿还利息最高的 A 卡。同时他给B卡办理了12期分期，C卡则维持最低还款。在长达14个月的时间里，小林省吃俭用，严格执行还款计划。终于，A卡成功清零，利息支出减少了65%。

这段经历让小林彻底改变，如今他养成了“消费前查利率”的习惯。还清债务后，小林还利用业余时间考取了职业证书，为自己的职业发展增添了助力。

创业者的“分期谈判翻身仗”

王薇遭遇了工作变动，收入锐减，原本能轻松应对的8万元网贷瞬间成了沉重负担，面临逾期的风险。王薇没有坐以待毙，她主动联系银行，如实说明自己的艰难处境，并提交近半年的收入流水和转型计划书。银行经过评估，被她的诚恳和规划打动，同意将还款期限延长至36期，还把利率从18%降至12%。

获得缓冲期后，王薇将直播设备抵押，换来3万元的启动资金，毅然转型做知识付费讲师。在转型的两年时间里，她日夜钻研课程，不断积累粉丝。功夫不负有心人，两年后，王薇不仅还清了所有债务，而且副业收入更是远超主业收入的3倍。此外，她还将自己的理财经验和转型经历写成个人理财指南书并出版。正如她在书中所写：“协商不是低头，而是给未来争取抬头的时间。”

行动指南

习惯1：优先偿还高利率债务

步骤1：用表格列出所有债务（平台、本金、利率、剩余期数），标注红色高利贷（年化率 > 15%）。

步骤 2：制订“债务狙击表”，在每月发薪日优先划拨 50% 收入偿还最高利率债务。

步骤 3：其余债务设置自动最低还款，避免征信受损。

习惯 2：与银行协商分期还款，降低压力

步骤 1：致电银行客服，说明失业 / 疾病等客观困难，强调还款意愿而非逃避。

步骤 2：准备工资流水单、病例证明等材料，申请 36~60 期分期方案，争取利率优惠。

步骤 3：签订协议后设置还款闹钟，在每月还款日前三天确保账户余额充足。

变富小结

债务不是终点，而是财富觉醒的起点

优先偿还高利贷是给失控的消费欲望踩下刹车，协商分期还款是为人生争取翻盘的缓冲期。当你能用“利率狙击法”撕开债务铁网，用“分期谈判术”重建财务秩序，那些曾让你窒息的数字终将成为丈量你成长高度的标尺。请记住：真正的财富自由从敢于直面账单的那一刻开始。

摆脱债务枷锁，轻装前行

引言：当“以贷养贷”变成死亡螺旋

三个月前，小丽为了买最新款手机分期借贷 5000 元，“每月才还 500 元，少吃几顿火锅就省出来了”。如今债务却滚到 3 万元——为了还A平台的利息，她不得不向 B 平台借款，最终陷入以贷养贷的死亡螺旋。每月工资到账 10 分钟就被划走，她只能靠吃泡面度日。“这些小额贷款就像蚂蚁啃堤坝，不知不觉就把人生啃塌了。”

这是移动支付时代的典型陷阱：年轻人总觉得“还得起”，却不知复利是沉默的杀手。一笔 5000 元的分期贷款，若按年化利率 24% 计算，三年后的实际还款额高达 7280 元。

变富思考

1. 切断债务链条：止血比输血更重要

以贷养贷如同饮鸩止渴，每一笔新贷款都在加速财务失血。制订还款计划表的核心是用理性对抗惯性——列出所有债务的本金、利率、还款日，用红色标注高利贷，用绿色圈出可协商债务。这种可视化操作能让人看清债务全貌，停止自欺欺人的逃避。

2. 还款仪式感：用庆祝重塑财务人格

还清一笔债务后的一顿庆祝晚餐不是奢侈，而是心理锚点。它标志着从“负债者”到“自由人”的身份转变，通过多巴胺奖励机制让“绝不重蹈覆辙”的誓言刻入潜意识。

案例故事

斩断网贷的逆袭

林骁在一家培训机构做销售，此前因陷入以贷养贷的旋涡，在不知不觉中欠下了 15 万元债务。某天，面对堆积如山的催款信息，林骁终于清醒过来，他果断强制注销所有借贷 App，决心靠自己还清债务。

为了厘清债务，林骁用 Excel 制作了还款计划表，将年化利率 36% 的网贷标为红色，把可协商分期的信用卡债务圈成绿色。此后，到了每月发薪日，林骁做的第一件事就是优先偿还高额利息的高利贷。为了节省开支，他坚持自己带饭，上下班步行通勤，还把家里的闲置物品挂到二手平台售卖。靠着严格的自我管控，他将每月的生活费死死控制在 2000 元。

经过两年坚持不懈的努力，林骁终于还清了所有债务。债务清零那天，他走进一家海鲜自助餐厅，点了一顿 298 元的海鲜大餐。服务员上菜时，林骁眼眶泛红，感慨道："这顿吃得踏实，比起借贷消费，它珍贵一万倍。"

信用卡的"毕业典礼"

苏婷从事新媒体运营工作，此前因消费不节制，她背上了信用卡债务。在经历过一段节衣缩食的还款日子后，苏婷终于还清了所有欠款。为了时刻警醒自己，苏婷把剪碎的信用卡裱进相框，郑重地挂在工作台前。

还清债务后，苏婷决定改变自己的财务观念。她将原本用于偿还信用卡的 3000 元转为每月定投指数基金。同时为了更科学地理财，苏婷报名参加理财课程，系统学习资产配置知识。在理财学习的过程中，她认真做笔记，向老师和同学请教，逐渐掌握了理财的窍门。

如今，苏婷的基金账户已有 5 万元。在剪卡相框下贴着一行醒目的字："真正的自由不是透支未来，而是掌控当下。"这行字时刻提醒着苏婷，珍惜当下，理性消费与投资。

行动指南

习惯 1：停止以贷养贷，制订还款计划表

步骤 1：用表格列出所有债务（平台、本金、利率、还款日），打印纸质版贴在冰箱 / 工位。

步骤 2：注销所有借贷 App，解除信用卡绑定，停止新增债务。

步骤3：采用“雪球法”优先偿还利率最高的债务，其余设置为最低还款。

习惯 2：还清债务后，庆祝并彻底告别透支习惯

步骤 1：在还清最后一笔债务当日，举办仪式（如剪卡、烧毁账单复印件）。

步骤 2：将原还款金额转为强制储蓄，开设独立账户专款专用。

步骤 3：每月复盘消费记录，用“48 小时冷静期”过滤非必要支出。

变富小结

清债是人生最值得的投资

停止以贷养贷是给失控的欲望戴上镣铐，还款仪式感是为新生的财务人格加冕。当你能用计划表破解债务迷宫，用庆祝仪式封印透支惯性，那些曾让你窒息的数字终将成为你丈量成长的里程碑。请记住：真正的财富自由不是拥有多少额度，而是对每一分钱都保持清醒与敬畏。

财富传承：遗产规划 + 公益责任感

引言：当“财富传承”变成家庭战争的导火索

某地产公司创始人老周突发心梗离世，因未立遗嘱，三个子女为争夺价值 2 亿元的股权闹上法庭，公司股价暴跌 40%。而他的竞争对手老王，在五年前便设立家族信托，将 30% 的利润用于公益基金会。葬礼上，老王的子女携手宣布：“父亲留下的不仅是财富，还有帮助 300 名山区孩子上学的承诺。”

这是财富传承最残酷的真相：没有规划的遗产是炸弹，而有温度的公益是纽带。当老周的家庭因争夺遗产而分崩离析，老王的孩子们却在公益中延续了家族精神。

变富思考

1. 遗产规划：财富的跨世代导航仪

遗产规划不是富人的专利，而是每个家庭的责任。通过遗嘱、家族信托、保险金指定受益人等方式，能避免70%的遗产继承纠纷，更可传递家族价值观。例如，设立“接班人必须通过公益服务考核”的条款，能将财富与责任绑定，防止后代挥霍。在法律上，遗嘱公证可减少继承权争议周期（从平均3年缩短至6个月），而家族信托的资产隔离功能能抵御婚姻风险、债务危机对核心资产的侵蚀。这种规划的本质是用规则代替人性考验。

2. 公益责任感：让财富流淌出生命

定期捐助不是施舍，而是财富的“社会投资”。每月捐出收入的3%~5%，相当于为人生开设“精神账户”。当看到受助学生考上大学、罕见病群体获得救治，你会重新定义成功——财富的终极意义在于创造希望。神经科学研究表明，公益行为能激活大脑的奖赏回路，分泌的催产素比购物快感持久3倍。更深远的是，这种习惯会影响子女的价值观，让“给予”成为家族基因。

案例故事

张总的家族信托

张总是某家科技公司的创始人，在55岁这一年，为了让子女真正成长，同时为家族长远发展考虑，他设立了家族信托。信托规定，子女要想继承股权，必须在公益组织服务满2年，且通过商业能力考核。

长子率先响应，前往非洲参与教育援助项目。在非洲的三年，他克服了恶劣的环境和资源短缺等困难，成功为当地建成太阳能教室。不仅如此，他结合当地实际，设计出“用咖啡渣换学费”的公益商业模式。

回国后，长子将这套在非洲实践成功的模式植入家族企业，成功开辟公益科技新赛道，公司估值随之提升20%。张总在一次访谈中透露：“过去孩子们热衷于攀比豪车，现在则竞争谁能解决更多社会问题。”这项信托条款实实在在地让子女从单纯的继承人蜕变成了推动社会和企业发展的创变者 。

会计的“小数点慈善革命”

马媛在一家企业做会计，月薪1.2万元。从五年前开始，她就坚持每月自动给流浪动物救助站捐99元。这些年，马媛亲眼见证救助站一步步发展壮大，从最初只能收容50只流浪动物，到后来成功建立领养中心，甚至推动政府出台了《社区流浪动物管理条例》。

为了更直观地看到善款的成果，马媛把捐款记录做成可视化图表。数据显示，5892元捐款让312只流浪动物被领养，平均每只的领养成本仅18.8元。马媛感慨道：“这可比买奢侈品有意义多了！”

受马媛的影响，公司同事纷纷响应，大家一起成立了公益小组。小组每月从原本用于下午茶的经费中节省出500元，用来资助山区儿童的午餐计划。马媛常说：“财富的温暖藏在每一个小数点里，看似不起眼的捐款也能汇聚成改变世界的力量 。”

行动指南

习惯1：学习资产传承知识，合理规划遗产

步骤1：咨询专业律师，制订公证遗嘱，明确房产、股权等核心资产分配方案。

步骤2：设立家族信托，约定继承人考核机制（如学历、公益服务时长）。

步骤3：为子女购买终身寿险，指定第三代直系亲属为受益人，规避遗产税。

习惯2：定期捐助小额公益，培养财富责任感

步骤1：选择3家正规公益机构（教育、环保、医疗各一家），设置每月自动捐款。

步骤2：每年参与1次公益探访，亲眼见证善款使用效果。

步骤3：将捐款记录纳入家庭财务报表，作为“精神资产”专项列支。

变富小结

财富的终极使命是让世界比自己来时更好

遗产规划让财富跨越生死，公益责任感让金钱穿透灵魂。当张总的子女在公益中打磨出接班能力，当小林的善款点亮无数生命，他们都在诠释：真正的财富传承不是留下多少存款，而是种下多少希望的种子。请记住：你对待财富的方式定义了你是谁的子孙，又是谁的先祖。

今天的咖啡钱 = 明天的养老金

引言：当“及时行乐”透支未来保障

29 岁的苏琳每月花 2000 元打卡网红咖啡店，朋友劝她要趁着年轻多存些钱，多为以后做打算。她却觉得现在正是享受生活的年龄，养老的事还早着呢。直到 2024 年冬天，母亲突发主动脉夹层，30 万元的手术费这才让她清醒——咖啡的账单竟占了她本可储蓄的救命钱。她翻遍账户发现存款不足 5 万元，最终只能抵押了刚买的新车。

这是当代年轻人的典型误区：用短期的消费快感置换长期的安全感。假设每月少喝 10 杯 38 元的咖啡，按年化利率 6% 的收益计算，30 年可积累 29 万元——足够覆盖父母一场大病或自己 10 年的养老补充金。

思考

1. 退休储蓄：给未来的自己发工资

养老金的本质是“时间套利”，用当下的节制换取未来的自由。每月强制储蓄 500 元，按年化利率 7% 的收益计算，30 年后将“滚雪球”至“56 万元”。这笔钱不是一串冰冷的数字，而是老年生活的选择权：它可以让你拒绝不喜欢的养老院，或支付环游南欧的旅行费。关键要建立“养老账户”与消费账户的物理隔离，比如开设只能定投不能赎回的专项账户。

2. 父母备用金：孝心的量化方程式

父母的养老危机往往爆发于 65 岁后，但储备需从 30 岁开始。通过“父母年龄 - 预期寿命 + 通胀率”公式计算缺口，将其拆解为每月 2000 元的定投计划。这种储备不仅是经济保障，更是情感契约——根据心理学调研数据，当父母知道子女早有准备，焦虑感会降低 73%。

案例故事

咖啡与定投

28 岁的小雨在一家外企上班，每天穿梭于写字楼之间，身边的同事热衷于购买咖啡、奶茶，而小雨却另有打算。她每月省下 1500 元原本用于咖啡、奶茶的开支，将其定投到精心配置的“养老 + 父母备用金”组合账户，这个账户中 60% 配置指数基金，40% 配置债券基金，用以平衡收益与风险。

为了避免自己动摇，小雨设定了自动转账，每到发薪日，资金就会准时被划走。在长达十年的时间中，无论市场如何波动，小雨都没有中断定投。

十年一晃而过，这个坚持带来了显著回报，小雨的账户增值至 28 万元。

恰在此时，父亲突发疾病，需要做心脏支架手术，这笔钱解了燃眉之急。如今路过奶茶店时，小雨会笑着感慨：“现在看到的不是饮料，而是未来养老公寓的一砖一瓦，每一分钱都花得更有意义 。”

程序员的“养老防御战”

身为 IT 工程师的张昊凭借出色的数据分析能力，用 Excel 对父母的养老需求进行了详细测算。结果显示，假设父母都能活到 85 岁，考虑到通货膨胀因素，至少需要准备 80 万元才能保障他们安稳养老。

这个数字让张昊意识到事情的紧迫性，他立刻行动起来。在当年拿到年终奖后，张昊就为父母购买了专属商业保险，给父母的健康增添一份保障。此后，他每月雷打不动地定投 1000 元到“养老基金”，让钱生钱。同时，为降低医疗支出，张昊耐心教会父母使用慢病管理 App，让父母能够科学管理健康。

在母亲因关节问题需要做置换手术时，张昊提前准备的这笔备用金派上了用场，他不仅顺利支付了手术费，而且让全家人也零负债渡过了这一难关，守护住了家庭的安稳。

行动指南

习惯 1：为退休生活提前储蓄

步骤 1：开设独立养老账户，绑定工资卡自动转账（建议月收入 10%）。

步骤 2：选择“股债平衡”组合（如 50% 指数基金 +50% 国债），每年再平衡。

步骤 3：每五年调整储蓄比例，将收入增长部分的 50% 转入养老账户。

习惯 2：为父母准备养老备用金

步骤 1：计算父母的养老资金缺口（预期寿命年均支出通胀系数）。

步骤 2：购买父母的专属医疗险 + 意外险，覆盖重大疾病风险。

步骤 3：每月定投到稳健增值组合（如债券基金 + 银行理财）。

步骤 4：教会父母使用智能设备监控健康数据，降低医疗支出。

变富小结

今天的克制是明天的底气

少喝一杯咖啡，未来就多一间养老院的阳光房；少买一个包包，父母就多一分手术台上的从容。当小雨用买拿铁咖啡的钱筑起保障壁垒，当张昊用数据表破解养老焦虑，他们都在证明：财富自由的终极形态不是挥金如土，而是任何时候都不必为钱低头。请记住：时间是最好的理财师，但你得先种下种子。

共同实现家庭的梦想

引言：当“各自为战”撕裂家庭财富版图

周家四口人各怀心事：妻子偷偷存私房钱想换车，丈夫炒股亏损不敢声张，儿子分期付款买游戏装备，女儿网贷报健身私教课。直到某一天，丈夫的股票爆仓导致家庭现金流断裂，才被迫召开紧急家庭会议。这时他们发现，四年间因缺乏沟通，家庭资产已缩水 40%。“原来我们不是一家人，只是住在同一屋檐下的四个财务个体户。”

这是无数家庭的现实困境：缺乏共同目标的财富管理注定是散沙筑塔。而当他们开始每月召开家庭财务会议、设立“梦想基金”后，两年内不仅还清债务，还攒下海南度假基金和孩子的留学预备金。

变富思考

1. 财务会议：家庭财富的导航系统

家庭财务会议不是一场批斗大会，而是财富版图的拼图游戏。通过透明化收支、债务、投资情况，能消除猜疑和隐性消费。更重要的是，它能将个人目标升级为家庭战略——比如将“换新车”和“孩子留学”合并为“五年家庭资产翻倍计划”。这种协同效应能让家庭抗风险能力提升 3 倍。

2. 梦想基金：用共同目标凝聚消费力

设立家庭梦想基金的本质是用希望对冲物欲。当全家为“北欧极光之旅”每月储蓄 3000 元，会自动减少 2000 元无效社交支出。神经科学研究表明，共同目标能刺激催产素分泌，这种“家庭黏合剂”会让成员更愿意协作而非攀比消费。

案例故事

案例 1　四口之家的财富罗盘

赵家是一个四口之家，虽然父母都是普通的工薪阶层，他们却拥有着令人羡慕的和谐与幸福。这得益于他们每月一次的“家庭会议”。在这个会议上，他们会分享各自的收入与支出情况，讨论家庭的预算与储蓄计划，还会共同决定一些重大的财务决策，如购买房产、投资股票等。这种透明式的沟通与共同的决策让赵家的财务始终保持着健康与稳定。即使面对一些突如其来的困难，他们也能够携手共度，共同面对。

案例2 梦想储蓄罐的奇迹

陈家是一个三口之家，陈父一直希望购买一套心仪的摄影设备，用来记录生活中的美好瞬间；陈母渴望能进行一次全家的海外旅行，拓宽视野；陈辰则梦想拥有一间属于自己、布置精美的书房。为了实现这些梦想，他们决定设立家庭梦想基金，并制订了详细的储蓄计划，每月从家庭收入中拿出固定比例的资金存入基金账户。父亲利用业余时间学习摄影技巧，为一些商家拍摄产品图赚取外快；母亲通过优化家庭购物清单，节省了不少开支；孩子则通过完成家务赚取“零花钱”存入基金。经过两年的努力，家庭梦想基金积累了足够的金额，他们先为孩子打造了理想的书房，接着购置了父亲心心念念的摄影设备，最后一家人踏上了期待已久的海外旅行。这次经历不仅让家庭梦想逐一实现，还让家庭关系更加紧密，使生活充满了幸福感。

行动指南

习惯1：与家人每月开一次“财务会议”

步骤1：设定固定时间，每月选择一个大家都方便的时间，作为家庭财务会议的时间。

步骤2：准备材料，明确需要讨论的财务事项。

步骤3：充分沟通，鼓励每位家庭成员都发表自己的意见与看法，共同讨论并达成共识。

步骤4：记录决策，将会议中的决策与行动计划记录下来，确保后续的执行与跟进。

习惯2：设立家庭梦想基金

步骤1：召开家庭会议，让每位家庭成员分享自己的梦想。

步骤2：根据家庭经济状况，每月从家庭收入中拿出部分资金存入账户。

步骤3：定期回顾家庭梦想基金的增长情况，根据实际进展调整储蓄计划和增收策略。

变富小结

家庭的财富密码藏在共同的目标里

财务会议是照亮航线的灯塔，梦想基金是扬帆远航的动力。当赵家通过透明式沟通筑起财务堡垒，当陈家携手完成梦想“三部曲”，他们都在证明：真正的家庭财富不是银行卡里的数字，而是共同向目标迈进时的心跳声。请记住：一个人可以走得快，但一家人才能走得远。

在这一章，我们探索了打造财富永动机的关键要素。为健康投资，确保有精力和能力去创造和守护财富；积极行动还清债务，摆脱债务枷锁，释放财富增长潜力；做好财富传承规划和培养公益责任感，赋予财富更深远的意义；合理规划日常小额支出，积少成多实现养老金储备；家庭成员共同努力实现家庭梦想，汇聚财富力量。这些行动相互关联，健康是财富的前提，债务清零是财富增长的保障，财富传承和公益让财富更具有价值，家庭梦想凝聚财富动力。持续践行这些要点，我们就能实现财富的持续增长，构建稳固的财富体系，享受财富带来的美好生活，实现真正的财富自由。

踏上财富成长的漫漫长路

在阅读本书的过程中，你或许已经了解了记账的门道、投资的技巧，知晓了如何开拓多元收入，又该秉持怎样的富人思维。然而请记住：财富的积累绝非一朝一夕之功，而是一场需要耐心与毅力的漫长旅程，就如同培育一棵树苗，从播下种子到它成长为参天大树，需要经历时间的沉淀。

许多人渴望快速致富，却忽略了积累财富所需的过程和付出。要知道，罗马不是一天建成的，财富也不会在一夜之间降临。我们看到那些成功积累财富的人，往往是日复一日践行良好理财习惯的结果。他们坚持记账，清晰掌握每一分钱的去向；他们合理规划投资，让财富在时间的复利中稳步增长；他们持续学习，不断提升自己的认知和能力，为财富的增长开辟新的道路。

习惯的力量是巨大的，它能塑造我们的生活，决定我们的财富走向。就像早起跑步能塑造健康体魄，坚持阅读能提升知识素养，培养正确的理财习惯能引领我们走向财富自由的彼岸。但习惯的养成并非一件易事，在这个过程中，我们会遇到各种诱惑和困难，比如消费主义的冲击、投资市场的波动、时间精力的不足等。面对这些挑战，千万不要轻言放弃。每次成功抵制诱惑，每次按计划执行理财行动，都是在为财富大厦添砖加瓦。

当你开始记账，看到每一笔支出都变得清晰透明；当你开始投资，感受到财富在复利的作用下逐渐增长；当你开始拓展多元收入，发现生活有了更多可能，你就已经踏上了变富的征程。也许这条路并不平坦，也许短期内看不到显著的成果，但只要坚持不懈，那些看似微不足道的努力终将汇聚成巨大的财富力量。

无论你现在处于人生的哪个阶段，无论你的财富状况如何，都请相信自己，只要从现在开始，培养良好的理财习惯，坚定不移地走下去，你就一定能实现自己的财富目标，收获理想的生活。愿你在财富成长的道路上，步伐坚定，未来可期！